操盘高手系列

U0681363

盘口语言与
主力行踪

RSI(9,9,9) RSI1:45.760 RSI2:45.760 RSI3:45.760

赵信 著

15:00　14:30　14:00　13:30　13:00　11:00　10:30　10:00　15:00

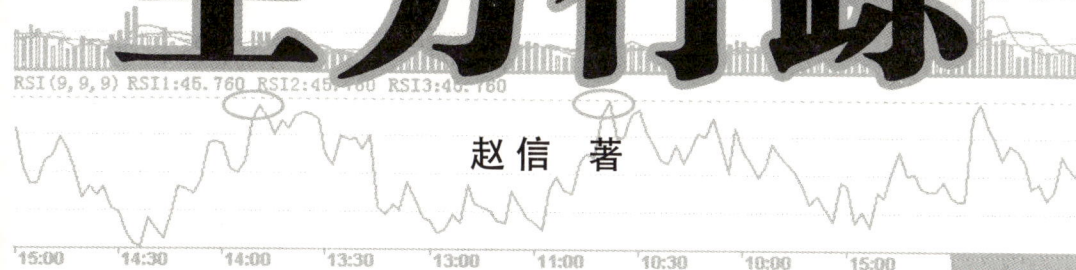

经济管理出版社
ECONOMY & MANAGEMENT PUBLISHING HOUSE

图书在版编目（CIP）数据

盘口语言与主力行踪/赵信著. —北京：经济管理出版社，2016.7

ISBN 978-7-5096-4273-3

Ⅰ.①盘… Ⅱ.①赵… Ⅲ.①股票交易—基本知识 Ⅳ.①F830.91

中国版本图书馆 CIP 数据核字（2016）第 047444 号

组稿编辑：勇　生

责任编辑：勇　生　王　聪

责任印制：黄章平

责任校对：超　凡

出版发行：经济管理出版社

　　　　　（北京市海淀区北蜂窝 8 号中雅大厦 A 座 11 层　100038）

网　　址：www. E-mp. com. cn

电　　话：(010) 51915602

印　　刷：三河市延风印装有限公司

经　　销：新华书店

开　　本：720mm×1000mm/16

印　　张：14

字　　数：175 千字

版　　次：2016 年 7 月第 1 版　2016 年 7 月第 1 次印刷

书　　号：ISBN 978-7-5096-4273-3

定　　价：38.00 元

前　言

跟随主力操作是我们很多投资者获利的不二法门。主力在资金、技术、消息上都有全面的优势，股票交易获得利润是大概率事件。如果我们能把握好主力操作的脉络，也就可以像主力一样在盘中交易获利。

不过主力操盘过程中，会尽量隐藏自己的痕迹，还会故意留下一些破绽，诱骗散户投资者落入陷阱。所以，跟随主力操作的难度很大。

通过盘口语言去了解主力操盘动向是一种简单、可行的办法，即使是最精明的主力在操盘时也不可能面面俱到。特别是在瞬息万变的盘中，难免会留下一些操作痕迹。我们通过盘口的语言寻找蛛丝马迹，就可以更加容易地把握主力操盘动向，做出相应的操作。

这本书就是教会投资者学习跟随主力操盘的实战指导书籍。

为了照顾股市新手的阅读，本书从盘口语言的基本构成讲起，之后为读者讲解了市场上的各种主力、主力操盘的一般流程以及在主力操盘过程中我们的操作策略。

本书中间穿插了大量实盘操作案例供读者参照。通过这些案例，读者可以更形象地了解书中所讲的知识，并且将它们应用到实战中。

本书可以作为股市新手学习跟随主力操作的入门指导书，也可以作为股市老手完善自己交易系统的实战提高书。

目 录

第一章 认识盘口的语言 ………………………… 001

第一节 盘口分析的要素 ………………………… 001

一、分时线走势 ………………………………… 001

二、分时均线 …………………………………… 005

三、分时成交量 ………………………………… 009

四、分时技术指标 ……………………………… 012

五、五档买卖盘 ………………………………… 016

六、成交明细 …………………………………… 022

第二节 盘口相关因素的分析 …………………… 026

一、盘口分析与趋势分析 ……………………… 026

二、盘口分析与消息分析 ……………………… 029

三、个股盘口与大盘盘口 ……………………… 031

第三节 盘口分析的注意事项 …………………… 033

一、不同盘口要素结合 ………………………… 034

二、多只个股分析结合 ………………………… 035

三、多注意大盘盘口分析 ……………………… 037

四、多注意板块整体动向 ……………………… 039

五、多注意强势个股动向 ……………………… 040

第二章　市场上的各种主力 …………………………………………… 043

第一节　长线主力和短线主力 …………………………………… 043
一、长线主力 ……………………………………………………… 043
二、中线主力 ……………………………………………………… 045
三、短线主力 ……………………………………………………… 046

第二节　主力的普遍特征 ………………………………………… 049
一、资金量巨大 …………………………………………………… 049
二、消息灵通 ……………………………………………………… 049
三、专业化操作 …………………………………………………… 050
四、影响股价涨跌 ………………………………………………… 050
五、诱骗散户买卖 ………………………………………………… 050

第三节　主力操盘的基本流程 …………………………………… 052
一、选择优质股票 ………………………………………………… 052
二、低位建仓买入 ………………………………………………… 053
三、试探阻力支撑 ………………………………………………… 054
四、向上抬拉股价 ………………………………………………… 056
五、洗清浮动筹码 ………………………………………………… 057
六、高位出货卖出 ………………………………………………… 058

第三章　主力常用的盘口骗术 …………………………………… 061

第一节　分时图骗术 ……………………………………………… 061
一、突然拉升 ……………………………………………………… 061
二、突然打压 ……………………………………………………… 063
三、单针探顶 ……………………………………………………… 065
四、单针探底 ……………………………………………………… 067

五、尾盘拉升 ………………………………………… 069

六、尾盘打压 ………………………………………… 070

第二节 分时成交量骗术 …………………………… 071

一、突然放量上涨 …………………………………… 072

二、突然放量杀跌 …………………………………… 073

三、持续温和放量 …………………………………… 074

四、盘中间歇放量 …………………………………… 075

第三节 五档买卖盘骗术 …………………………… 076

一、大买单支撑 ……………………………………… 076

二、大卖单打压 ……………………………………… 077

三、上压下托 ………………………………………… 078

第四节 成交明细骗术 ……………………………… 079

一、连续巨大买单 …………………………………… 079

二、连续巨大卖单 …………………………………… 080

三、间歇性巨大买单 ………………………………… 081

四、间歇性巨大卖单 ………………………………… 082

第四章 主力建仓阶段的盘口动向 ………………… 083

第一节 主力建仓的目标 …………………………… 083

一、买入足够多的股票 ……………………………… 083

二、压低买入价格 …………………………………… 084

三、为拉升行情做铺垫 ……………………………… 084

第二节 分时图识别主力建仓信号 ………………… 085

一、打压建仓的分时信号 …………………………… 085

二、拉高建仓的分时信号 …………………………… 086

三、拉锯建仓的分时信号 …………………………… 087

四、横盘建仓的分时信号 ……………………………… 088

五、反弹建仓的分时信号 ……………………………… 089

第三节 主力建仓的其他信号 ……………………………… 091

一、K线走势信号 ……………………………………… 091

二、成交量信号 ………………………………………… 092

三、技术指标信号 ……………………………………… 094

四、市场反应信号 ……………………………………… 096

第五章 主力试盘阶段的盘口动向 ………………………… 097

第一节 主力试盘的目标 …………………………………… 097

一、试探下方支撑位 …………………………………… 097

二、试探上方阻力位 …………………………………… 098

三、试探买入跟风盘 …………………………………… 099

四、试探卖出跟风盘 …………………………………… 101

第二节 分时图识别主力试盘信号 ………………………… 102

一、高开试盘的分时信号 ……………………………… 102

二、低开试盘的分时信号 ……………………………… 103

三、拉高试盘的分时信号 ……………………………… 106

四、打压试盘的分时信号 ……………………………… 108

第三节 主力试盘的其他信号 ……………………………… 110

一、K线走势信号 ……………………………………… 110

二、成交量信号 ………………………………………… 112

三、技术指标信号 ……………………………………… 113

四、市场反应信号 ……………………………………… 114

第六章 主力拉升阶段的盘口动向 ……………………… 115

第一节 主力拉升的目标 ……………………………… 115

一、拉高股价至目标价位 …………………………… 115

二、不增加自己持股数量 …………………………… 116

三、调动市场买入氛围 ……………………………… 117

第二节 分时图识别主力拉升信号 ………………… 118

一、阶梯拉升的分时信号 …………………………… 118

二、直线拉升的分时信号 …………………………… 119

三、震荡拉升的分时信号 …………………………… 122

四、稳健拉升的分时信号 …………………………… 124

第三节 主力拉升的其他信号 ……………………… 126

一、K 线走势信号 ……………………………………… 126

二、成交量信号 ………………………………………… 128

三、技术指标信号 ……………………………………… 131

四、市场反应信号 ……………………………………… 133

第七章 主力洗盘阶段的盘口动向 ……………………… 135

第一节 主力洗盘的目标 ……………………………… 135

一、洗清前期获利筹码 ……………………………… 136

二、洗清上方套牢筹码 ……………………………… 137

三、收集市场浮动筹码 ……………………………… 138

四、重新凝聚市场人气 ……………………………… 138

第二节 分时图识别主力洗盘信号 ………………… 139

一、打压洗盘的分时信号 …………………………… 139

二、横盘洗盘的分时信号 …………………………… 141

三、震荡洗盘的分时信号 ………………………………………… 143

四、挖坑洗盘的分时信号 ………………………………………… 145

五、滞涨洗盘的分时信号 ………………………………………… 147

第三节 主力洗盘的其他信号 …………………………………… 149

一、K线走势信号 ………………………………………………… 149

二、成交量信号 …………………………………………………… 150

三、技术指标信号 ………………………………………………… 152

四、市场反应信号 ………………………………………………… 154

第八章 主力出货阶段的盘口动向 …………………………… 155

第一节 主力出货的目标 ………………………………………… 155

一、卖出全部股票 ………………………………………………… 155

二、在高位卖出 …………………………………………………… 156

第二节 分时图识别主力出货信号 ……………………………… 157

一、拉高出货的分时信号 ………………………………………… 157

二、打压出货的分时信号 ………………………………………… 159

三、打压后反弹出货的分时信号 ………………………………… 162

四、震荡出货的分时信号 ………………………………………… 164

第三节 主力出货的其他信号 …………………………………… 167

一、K线走势信号 ………………………………………………… 167

二、成交量信号 …………………………………………………… 168

三、技术指标信号 ………………………………………………… 170

四、市场反应信号 ………………………………………………… 171

第九章 利用盘口信息捕捉主力动向 ………………………… 173

第一节 利用分时走势捕捉主力动向 …………………………… 173

一、直线上涨 …………………………………… 173
二、直线下跌 …………………………………… 174
第二节　利用分时成交量捕捉主力动向 …………………… 176
一、成交量突然放大 …………………………… 176
二、几分钟内巨大成交量 ……………………… 177
三、午盘巨大成交量 …………………………… 178
四、尾盘巨大成交量 …………………………… 179
第三节　利用分时指标捕捉主力动向 ……………………… 181
一、上涨过程中的顶背离 ……………………… 181
二、下跌过程中的底背离 ……………………… 181
第四节　利用五档买卖捕捉主力动向 ……………………… 183
一、大买单的支撑力量 ………………………… 183
二、大买单突然被成交 ………………………… 184
三、大卖单的阻力作用 ………………………… 185
四、大卖单突然被撤销 ………………………… 186
第五节　利用分时成交明细捕捉主力动向 ………………… 188
一、突然巨大买单拉高 ………………………… 188
二、突然巨大卖单打压 ………………………… 189
三、大买单持续拉高 …………………………… 190
四、大卖单持续打压 …………………………… 190

第十章　跟随主力操作的买卖点选择 ……………………… 193

第一节　短线波段操作的买卖点选择 ……………………… 193
一、建仓时冷静观望 …………………………… 194
二、拉升开始时积极买入 ……………………… 194
三、洗盘和出货时尽快抛出 …………………… 194

四、再次拉升时继续买入 ··· 194

五、最终见顶后果断抛出 ··· 195

六、实战案例：博深工具（002282）·················· 195

第二节　短线换股操作的买卖点 ································ 200

一、建仓时冷静观望 ··· 200

二、拉升开始时继续观望 ··· 200

三、加速拉升时追高买入 ··· 200

四、股价走弱后马上抛出 ··· 201

五、选择强势股再次进入 ··· 201

六、实战案例：西昌电力（600505）·················· 201

第三节　长线跟庄操作的买卖点选择 ···················· 204

一、建仓阶段分仓买入 ··· 205

二、拉升开始时完成买入计划 ································· 205

三、拉升和试盘过程中稳定持股 ····························· 205

四、识别洗盘陷阱并继续持股 ································· 205

五、出货阶段高位卖出 ··· 205

六、实战案例：多氟多（002407）·················· 206

参考文献 ··· 211

第一章 认识盘口的语言

分时盘口是投资者每个交易日中分析股票和大盘走势方向的关键所在。通过分时盘口，投资者可以了解到股票在盘中交易时段的细微变化，从而预测未来行情发展的方向。

第一节 盘口分析的要素

在盘中看盘过程中，对盘口进行分析是一个重要的过程。在对盘口分析时，投资者应该主要关注以下六个方面的要素。

一、分时线走势

分时走势图是整个盘口的核心内容，代表了股票价格在一个交易日内的涨跌变化方向。每只股票的分时走势图中都有两条曲线，一条波动比较快的是分时线，另一条波动比较慢的是分时均线。我们这一节先讲分时线。

分时线上的每个点，代表了股票在盘中每一分钟内的最后一笔交易的成交价格。通过分时线的走势方向，投资者可以了解股价在一个交易日内的涨跌变化，对未来的行情发展做出判断。

当分时线持续下跌至底部，形成双重底、三重底、头肩底等底部反转形态时，说明经过一段时间的下跌后市场上的空方能量已经逐渐耗尽，多方对股价形成支撑，未来股价有见底上涨的趋势。一旦股价最终突破这些形态的颈线，就是投资者买入股票的机会。

奥普光电分时走势如图 1-1 所示。

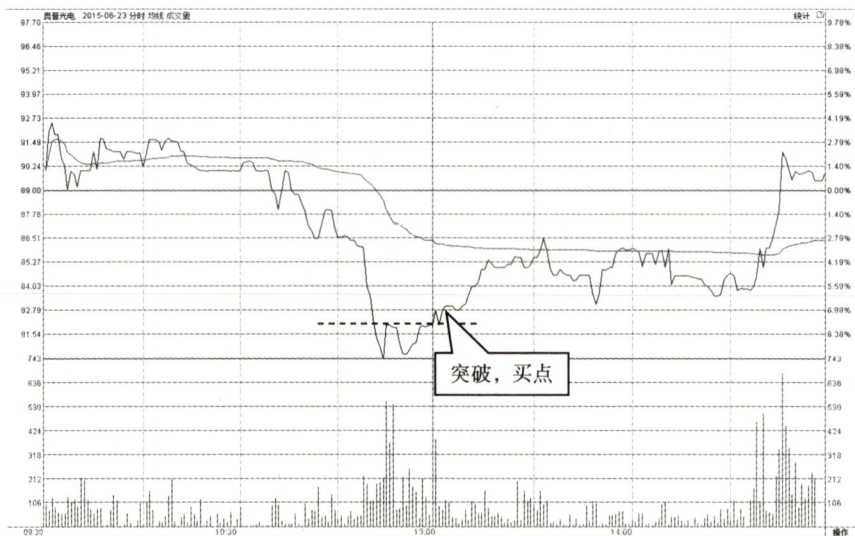

图 1-1　奥普光电分时走势

如图 1-1 所示，2015 年 6 月 23 日上午，奥普光电 （002338） 股价持续下跌至底部后连续两次在几乎同一个位置获得了支撑，形成了两个最低价基本水平的底部，构成双底形态。这是股价见底后即将反弹的信号。

投资者经过双底中股价反弹的高点画水平线，可以得到一条颈线。下午开盘后，该股股价突破了双底的颈线，这标志着反弹行情开始。此时投资者可以积极地买入股票。

当股价上涨至高位后，如果分时曲线形成双重顶、三重顶、头肩顶等顶部反转形态，就说明经过一段时间的上涨后，拉升股价上涨的多方能量已经逐渐耗尽，向上抬拉股价的力量逐渐不足，未来股价有

见顶下跌的趋势。一旦股价最终跌破这些形态的颈线，就是投资者卖出股票的机会。

立思辰分时走势如图 1-2 所示。

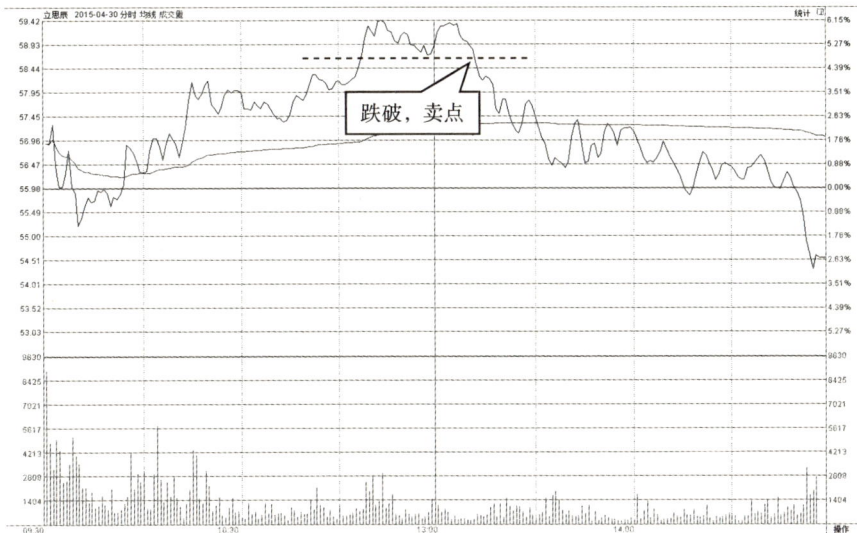

图 1-2 立思辰分时走势

如图 1-2 所示，2015 年 4 月 30 日，立思辰（300010）上午收盘前至下午开盘后一段时间，其股价连续两次在几乎同一个位置上遇到阻力下跌，形成双重顶形态。这样的形态说明股价上涨遇阻，有见顶下跌的风险。

以股价第一次回落的低点为基础画水平线，可以得到这个形态的颈线。最终当股价跌破顶颈线时，标志着下跌趋势已经开始。此时投资者应该尽快卖出股票。

当股价在盘中持续横盘整理时，如果形成了矩形、三角形、旗形等形态，则说明市场上的多空双方正处于僵持的过程中。在未来的行情中如果股价突破这些形态的上边线，就说明多方力量在僵持中胜出，这是未来股价会持续上涨的信号。一旦股价跌破这些形态的下边线，则说明空方力量在僵持中胜出，这是未来股价将会持续下跌的信号。

捷顺科技分时走势如图 1-3 所示。

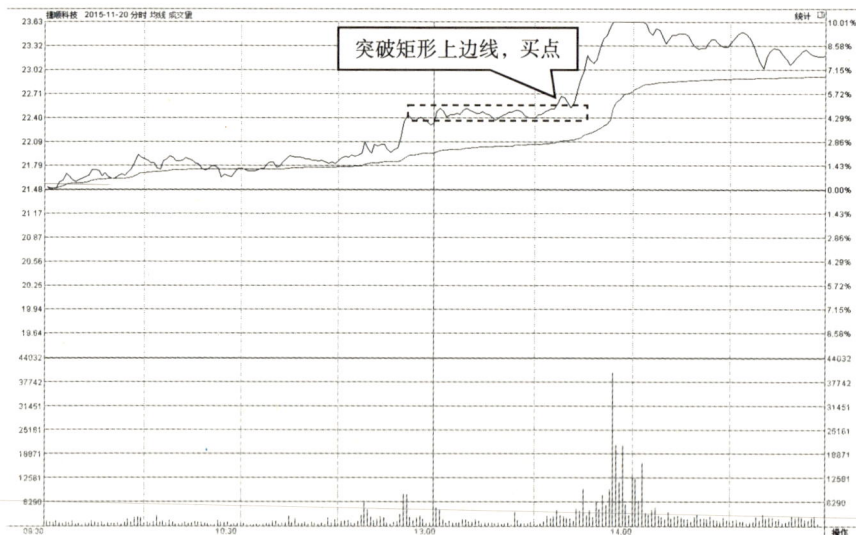

图 1-3　捷顺科技分时走势

如图 1-3 所示，2015 年 11 月 20 日，捷顺科技（002609）股价下午开盘后在高位持续横盘整理，形成了矩形整理形态。这说明推动股价多方力量减弱，多空双方陷入僵持。随后，当股价结束调整，突破矩形上边线时，说明多方力量开始重新将股价向上拉升，上涨趋势继续，此时投资者可以积极买入股票。

红宝丽分时走势如图 1-4 所示。

如图 1-4 所示，2015 年 7 月 1 日上午收盘前至下午开盘后一段时间，红宝丽（002165）股价持续横盘整理，形成三角形整理区间。这样的形态说明市场上的多空双方持续僵持。

下午交易过程中，股价结束横盘过程，跌破三角形下边线。这是空方在这次僵持中胜出的信号，预示着未来股价将会持续下跌。此时投资者应该尽快卖出手中的股票。

跌破三角形下边线，卖点

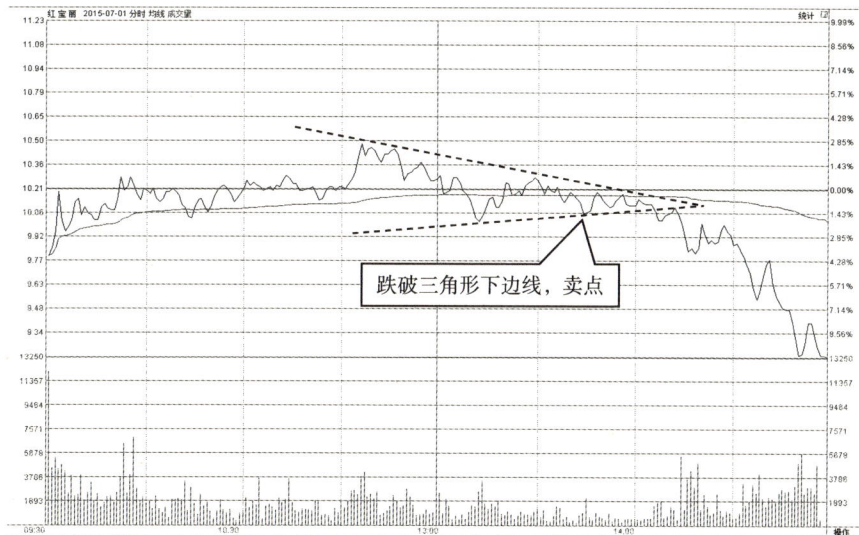

图1-4　红宝丽分时走势

二、分时均线

分时均线是分时图中比较平缓的那条曲线。这个曲线上的每个点代表股票开盘到当前时刻，所有参与交易投资者的平均成交价格。分时图中的分时均线与K线图中的均线意义相近。在盘中走势中，分时均线会对股价涨跌形成较强的支撑或者阻力作用。

如果一个交易日内股价多次下跌至分时均线附近获得支撑，就说明当日分时均线是股价下跌重要的支撑线。在这个交易日随后的行情中，一旦股价再次下跌到分时均线位置获得支撑时，则证明分时均线的支撑继续有效，未来股价还会继续上涨。此时投资者就可以逢低买入股票。

航天电器分时走势如图1-5所示。

如图1-5所示，2015年5月18日，航天电器（002025）股价持续上涨过程中多次下跌到分时均线位置都获得支撑反弹。这说明当日分时均线是股价下跌的重要支撑线。

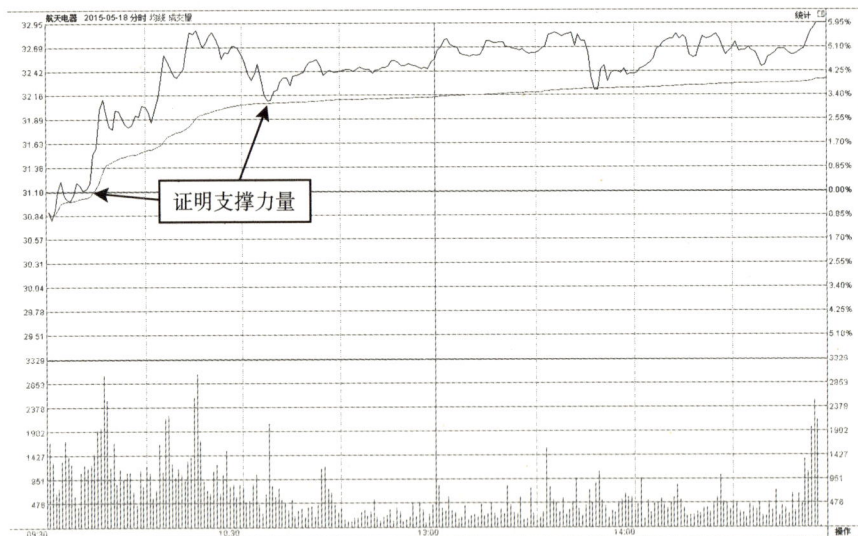

图 1-5　航天电器分时走势

　　当日下午开盘后，当股价再一次回调到分时均线位置时获得支撑反弹时，就形成了投资者逢低买入股票的机会。

　　如果之前的走势中已经验证了分时均线对股价的支撑力量，随后的行情中一旦股价跌破分时均线，就说明市场上有巨大的空方力量正在将股价强势向下打压，这是未来股价将会持续下跌的信号。这时投资者就应该尽快将手中的股票卖出。

　　中直股份分时走势如图 1-6 所示。

　　如图 1-6 所示，2015 年 7 月 1 日上午，中直股份（600038）在开盘后持续上涨的过程中，多次回调时都获得分时均线支撑。这说明分时均线是一条重要的支撑线。

　　下午开盘后，该股股价持续下跌，跌破了分时均线的支撑位。这说明空方将股价快速向下打压，未来股价将会持续下跌。此时投资者应该尽快将手中的股票卖出。

　　在随后的行情中，股价多次反弹至分时均线附近遇阻下跌。当股价遇阻下跌时，同样是投资者逢高卖出股票的机会。

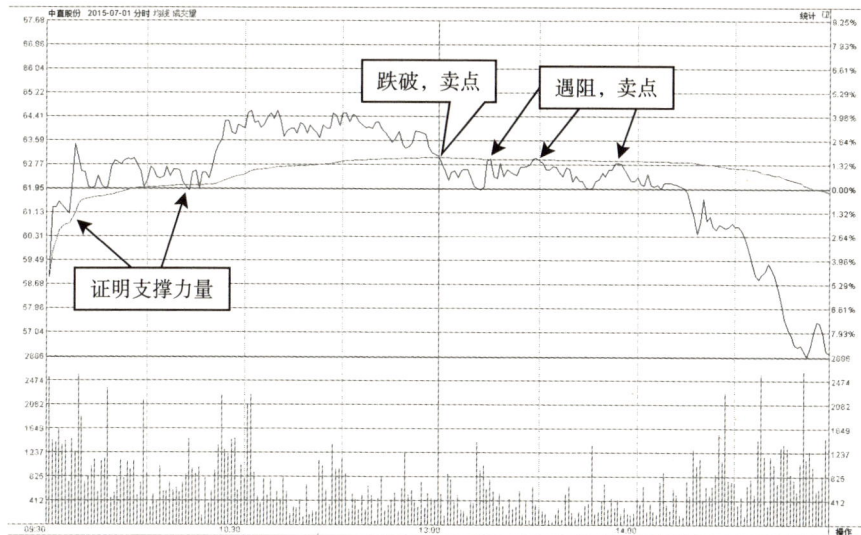

图 1-6　中直股份分时走势

如果在一个交易日内，股价多次上涨到分时均线位置遇阻下跌，就说明分时均线是当日股价上涨重要的阻力线。未来股价再次上涨到分时均线位置遇到阻力时，预示着股价将会再次遇到阻力下跌，此时是投资者逢高卖出股票的机会。

宁波高发分时走势如图 1-7 所示。

如图 1-7 所示，2015 年 11 月 13 日开盘后，宁波高发（603788）在股价持续下跌的过程中，多次反弹至分时均线位置都遇到阻力下跌。

下午开盘后，当股价再次反弹到分时均线位置遇阻下跌时，说明该位置的阻力仍然存在。此时是投资者逢高卖出股票的机会。

股价在盘中上涨时，如果能够对盘中之前有阻力作用的分时均线形成有效突破，就说明多方力量开始强势将股价向上拉升，未来股价有望进入持续的上涨行情。此时是投资者买入股票的机会。

特发信息分时走势如图 1-8 所示。

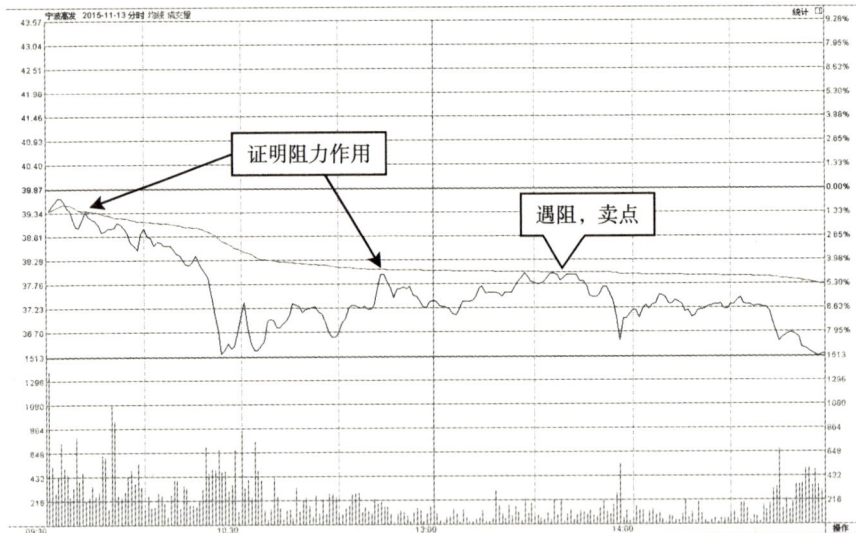

图1-7 宁波高发分时走势

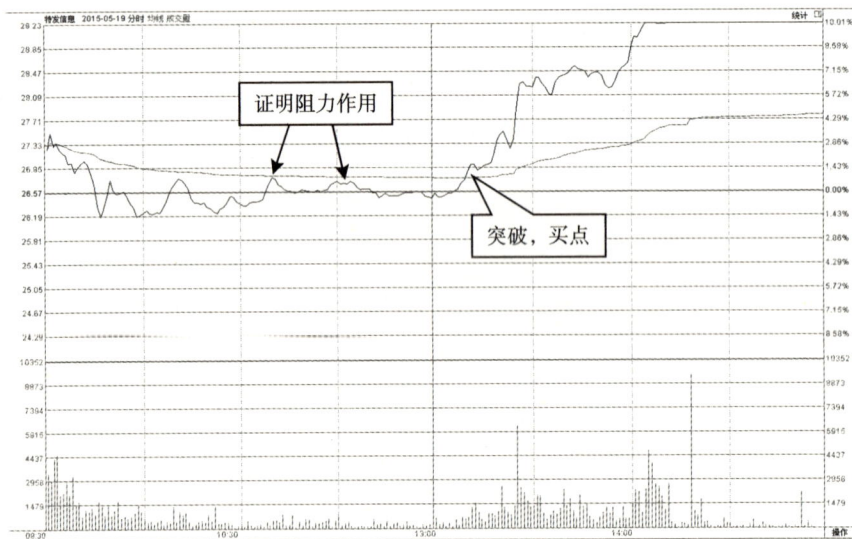

图1-8 特发信息分时走势

如图1-8所示，2015年5月19日上午，特发信息（000070）股价开盘持续小幅回落。在回落过程中，股价多次遇到分时均线的阻力。这验证了分时均线对股价上涨的阻力作用。

随后，当股价成功突破分时均线的阻力时，说明上涨行情开始，

未来股价将会延续这种上涨行情。看到这样的突破形态，投资者可以积极买入股票。

三、分时成交量

分时图中的成交量柱线显示了股票在盘中每一分钟内的成交情况。通过这些柱线的长短变化，投资者可以了解到市场上股票交易的活跃程度。在判断股价涨跌的同时多考虑这种交易活跃程度的变化，投资者就可以更加全面地了解市场行情变化，为自己的操作提供参照。

如果股票的价格在盘中持续上涨，同时其成交量水平也持续放大，就说明上涨行情得到了市场上投资者的普遍认可，越来越多的投资者追高买入股票。此时该股进入了良性的上涨周期，未来能够持续上涨。在这个上涨的过程中，投资者可以积极追高买入股票。

盛洋科技分时走势如图 1-9 所示。

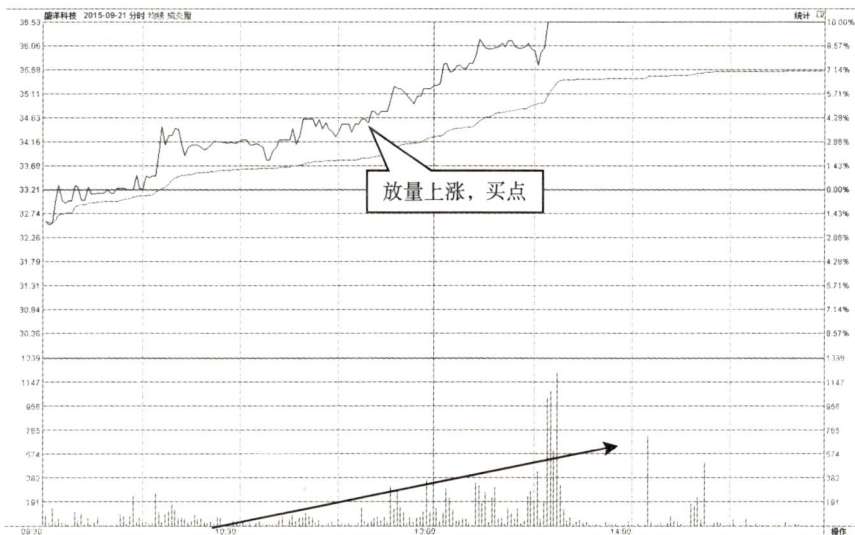

图 1-9 盛洋科技分时走势

如图 1-9 所示，2015 年 9 月 21 日上午，盛洋科技（603703）在股价持续上涨的过程中，其成交量也同步放大。这样的形态说明随着股价上涨，越来越多的投资者买入股票，该股进入了良性的上涨周期。看到这样的形态，投资者可以积极买入股票。最终在成交量持续放大的推动下，该股股价上涨到了涨停板上。

在一个交易日的盘中，如果股价持续上涨时其成交量持续萎缩，说明虽然股价上涨，但追高买入股票的投资者越来越少，投资者普遍并不看好后市行情的发展。在这样的情况下股价上涨动能不足，有见顶下跌的风险。

看到这样的形态，投资者应该警惕行情见顶的风险。未来一旦有见顶信号出现，就说明股价开始被空方持续向下打压。这时投资者应该卖出股票规避风险。

深高速分时走势如图 1-10 所示。

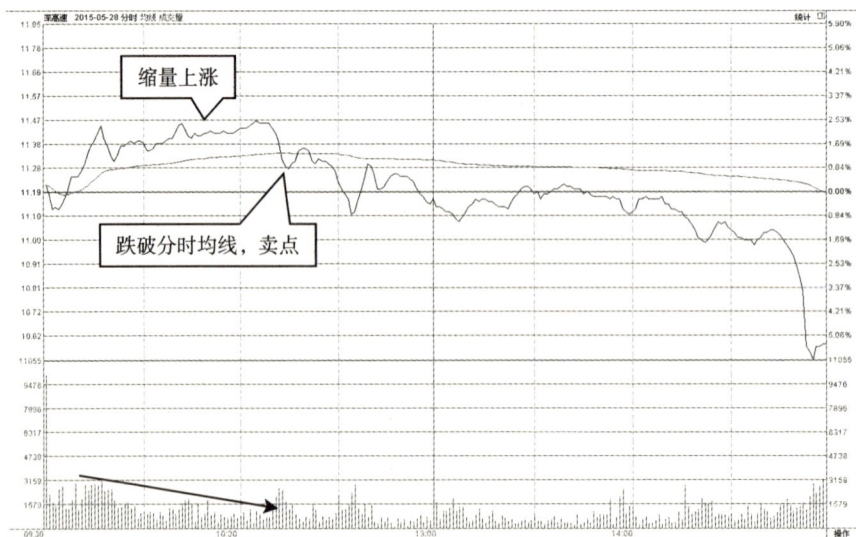

图 1-10　深高速分时走势

如图 1-10 所示，2015 年 5 月 28 日，深高速（600548）在股价开盘后持续上涨的过程中，其成交量却快速萎缩，形成了缩量上涨形态。这个形态说明投资者对该股后市普遍持谨慎态度，追高买入的投资者越来越少，股价有见顶下跌的趋势。

上午 10：30 后，股价见顶快速下跌。当股价跌破分时均线时，标志着下跌趋势开始。此时投资者应该尽快卖出手中的股票，规避风险。

在分时走势图中，如果股价持续下跌的同时，其成交量也持续放大，说明股价下跌引起了投资者普遍恐慌，大量投资者因为看空后市而卖出股票。而他们卖出又导致股价继续下跌，造成更大的恐慌。该股已经进入了恶性的下跌周期，短期内这种持续下跌的趋势很难改变。看到这样的形态时，投资者应该尽快将手中的股票卖出。

山河药辅分时走势如图 1-11 所示。

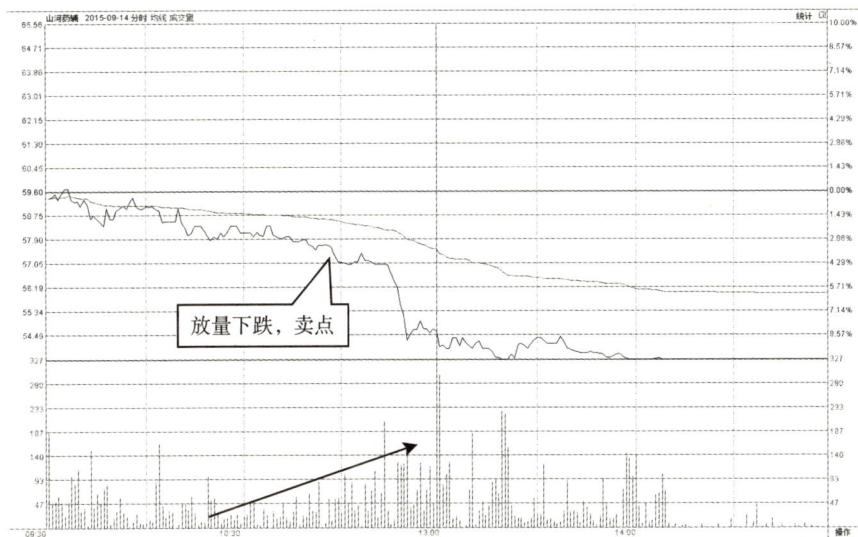

图 1-11　山河药辅分时走势

如图 1-11 所示，2015 年 9 月 14 日上午，山河药辅（300452）在股价缓慢下跌的过程中，其成交量也持续放大，形成了放量下跌的走势。这样的形态说明随着股价下跌，越来越多的投资者因为恐慌而卖出股票，该股进入了恶性的下跌周期。在这个下跌的过程中，投资者应该尽快将手中的股票卖出，规避风险。

如果股价在盘中持续下跌的同时，其成交量也持续萎缩，说明随着股价下跌，愿意低价抛出股票的投资者越来越少。此时投资者开始对后市抱有乐观的态度。股价下跌动能正在减弱，未来有见底反弹的趋势。看到这样的形态后，投资者可以重点关注股价后市走向。一旦股价见底反弹，就可以积极买入。

国光股份分时走势如图 1-12 所示。

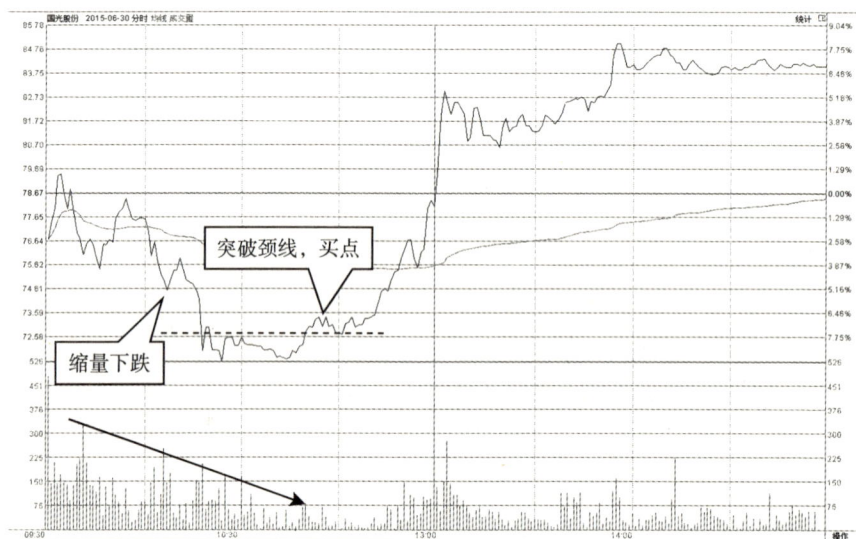

图 1-12 国光股份分时走势

如图 1-12 所示，2015 年 6 月 30 日，在国光股份（002749）持续下跌过程中，其分时成交量持续萎缩。这样的形态说明随着股价下跌，愿意以低价卖出股票的投资者越来越少。这样的形态说明下跌行情即将结束，股价将见底反弹。

当股价下跌至底部后，形成了一个双重底形态。最终当股价突破双重底的颈线时，标志着上涨趋势开始。此时投资者可以积极买入股票。

四、分时技术指标

分时图中的技术指标主要是指 MACD 指标。MACD 指标在分时图中的形态主要是底背离和顶背离两种。

当分时图中股价持续下跌，创出新低时，如果分时图中的 MACD 指标绿色柱线越来越短，或者 MACD 指标的 DIF 线持续上涨，就形成了底背离形态。底背离形态说明该股的下跌趋势越来越慢，这就是股价即将见底反弹的信号。看到这样的底背离形态后，投资者可以积极在底部寻找买入股票的机会。

伟星新材分时走势如图 1-13 所示。

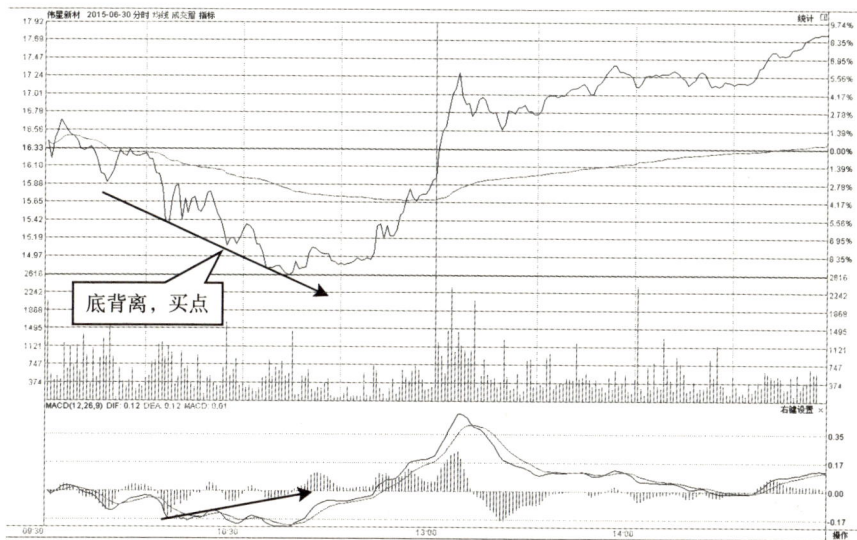

图 1-13 伟星新材分时走势

如图 1-13 所示，2015 年 6 月 30 日，伟星新材（002372）股价开盘后持续下跌。在股价连续创出新低的过程中，其 MACD 指标的绿色柱线越来越短，与股价形成底背离形态。这个形态说明股价下跌趋势减缓，有见底反弹的可能。看到这个形态时，投资者可以积极在底部寻找买入股票的机会。

北辰实业分时走势如图 1-14 所示。

如图 1-14 所示，2015 年 6 月 30 日，北辰实业（601588）在股价开盘后持续下跌的过程中连续创出新低，同时其 MACD 指标的 DIF 线却持续上涨，与股价形成底背离形态。这样的形态说明股价下跌的趋

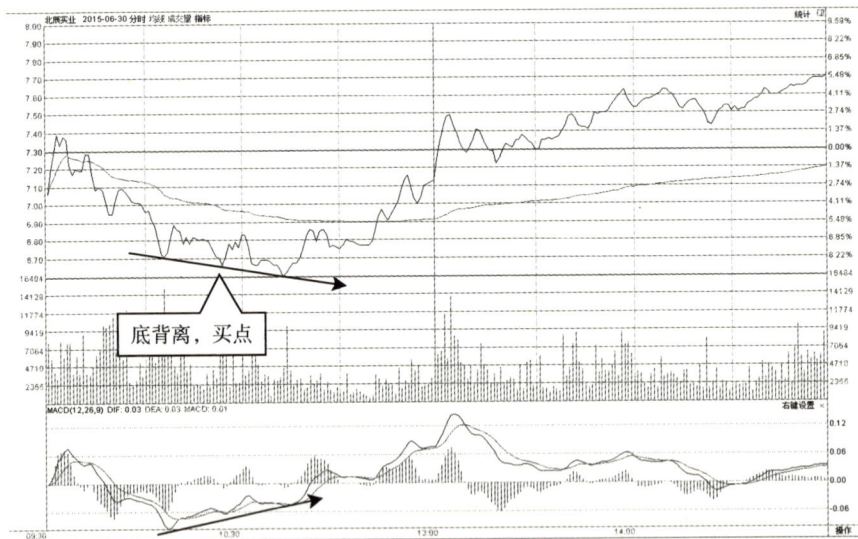

图 1-14　北辰实业分时走势

势减缓，有见底反弹的趋势。看到这样的形态时，投资者可以在底部寻找买入股票的机会。

当分时图中股价持续上涨，在高位不断创出新高时，如果分时图中的 MACD 指标红色柱线越来越短，或者 MACD 指标的 DIF 线持续下跌，就形成了顶背离形态。顶背离形态说明该股的上涨趋势越来越慢，这就是股价即将见顶下跌的信号。看到这样的顶背离形态后，投资者应该在顶部寻找逢高卖出股票的机会。

中国建筑分时走势如图 1-15 所示。

如图 1-15 所示，2015 年 11 月 9 日，中国建筑（601668）在股价上涨至高位创出新高的过程中，其 MACD 指标的红色柱线却显示出了变短的趋势，二者形成顶背离形态。这样的形态说明在顶部股价上涨的趋势减缓，有见顶下跌的趋势。此时投资者应该寻找在顶部卖出股票的机会。

高能环境分时走势如图 1-16 所示。

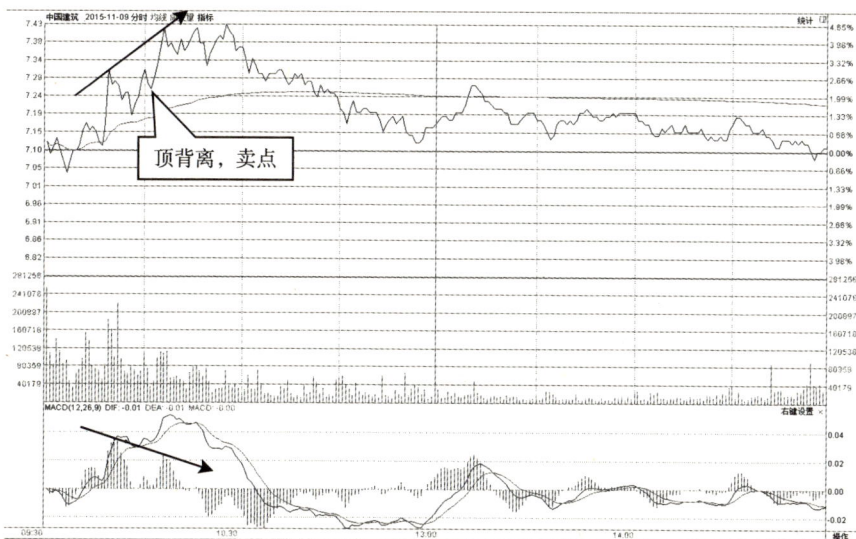

图 1-15　中国建筑分时走势

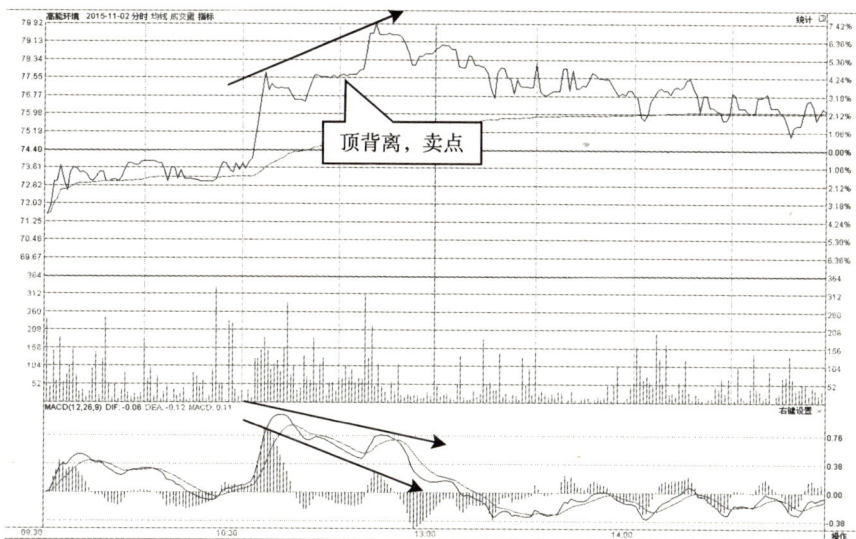

图 1-16　高能环境分时走势

　　如图 1-16 所示，2015 年 11 月 2 日，高能环境（603588）在股价持续上涨至高位创出新高时，其 MACD 指标的红色柱线形成变短的趋势，同时 DIF 线也持续下跌，与股价形成了顶背离的形态。这样的形态说明股价上涨的趋势越来越慢，有见顶下跌的可能。

这样的顶背离形态确认时，投资者应该寻找在高位卖出股票的机会。

五、五档买卖盘

五档买卖盘口是在股票的分时界面中右上角显示的一组数据。通过这组数据，投资者可以知道距离当前股票成交价格最近的上方和下方各五个价位上，有多少卖单或者买单正在排队等待成交。

五档买卖盘口如图 1-17 所示。

卖五	24.86	23
卖四	24.85	82
卖三	24.84	4
卖二	24.83	11
卖一	24.82	160
买一	24.80	59
买二	24.79	14
买三	24.78	37
买四	24.77	2
买五	24.76	44

图 1-17　五档买卖盘口

如图 1-17 所示，这个五档买卖盘口中，"卖一　24.82　160"代表在 24.82 元的位置上，有 160 手卖单等待成交。而"买一　24.80　59"则代表在 24.80 元的位置上，有 59 手买单等待成交。

五档买卖盘口中的委托买入数量代表了看好该股后市走向的投资者数量。委托买盘数量越多，说明投资者更加看好该股未来的发展，这样的股票未来往往能够取得比较大的涨幅。另外，看到盘口中有巨大买单后，也会有更多投资者因为看好后市发展而买入股票，推动该股股价持续上涨。

因此当买卖盘口中出现巨大买单时，是未来行情将会持续上涨的信号。这样的巨大买单形态又分为单笔的巨大买单和多笔的巨大买单两种。

承德露露五档买卖盘口如图 1-18 所示。

^R 000848 承德露露		
委比 79.38% 委差		4551
卖五	17.20	39
卖四	17.19	80
卖三	17.18	312
卖二	17.16	112
卖一	17.15↓	48 +48
买一	17.14↓	2
买二	17.13	123
买三	17.12	376
买四	17.11	4590
买五	17.10	51 +51

图 1-18 承德露露五档买卖盘口

如图 1-18 所示，2015 年 12 月 28 日，承德露露（000848）买入委托中的 17.11 元位置出现了巨大买入委托单，远超过其他位置上的买卖委托单一个量级。这样的买入委托单一方面能够对股价上涨形成支撑，另一方面也会给投资者带来信心，推动股票价格未来持续上涨。因此，这是一个有效的看涨买入信号。

包钢股份五档买卖盘口如图 1-19 所示。

^R₃₀₀ 600010 包钢股份		
委比 53.63% 委差		59648
卖五	3.68	8820
卖四	3.67	5950
卖三	3.66	5658
卖二	3.65	4696 -126
卖一	3.64↓	662 +662
买一	3.63↓	9997 -11
买二	3.62	15849 -10
买三	3.61	18021 +20
买四	3.60	36978 -1120
买五	3.59	4589 +4589

图 1-19 包钢股份五档买卖盘口

如图 1-19 所示，2015 年 12 月 28 日，包钢股份（600010）买入委托中的 3.60~3.62 元位置，分别出现了超过 1 万手的巨大买入委托单。这样的盘口形态同样可以说明股价下方的支撑很强。并且与单笔买入委托单相比，这种盘口显示出来的支撑力量更加稳固，也是更加强势的看涨买入信号。

五档买卖盘口中，大卖单与大买单的市场含义正好相反。如果一只股票的五档买卖盘口中出现了巨大的卖单，说明大量投资者正在准备在高位抛出股票，行情上涨面临着巨大阻力，未来有下跌的趋势。这样的盘口形态必然会导致投资者普遍陷入恐慌，纷纷抛出股票，未来股价将在抛盘压力下持续下跌。

因此五档买卖盘口中的大卖单是看跌卖出信号。与大买单相似，大卖单也可以分为单笔的大卖单和连续的大卖单两种。

京威股份五档买卖盘口如图 1-20 所示。

002662 京威股份		
委比 -65.28% 委差		-1376
卖五	21.02	16	+16
卖四	21.01	12	+12
卖三	21.00	1617	+1617
卖二	20.99	76	+76
卖一	20.98↑	21	-15
买一	20.88↑	299	+299
买二	20.86	6	-20
买三	20.85	20	
买四	20.84	31	
买五	20.83	10	

图 1-20　京威股份五档买卖盘口

如图 1-20 所示，2015 年 12 月 28 日盘中，京威股份（002662）卖出委托中的 21.00 元价位上存在巨大的卖出委托。这样的盘口形态一方面会对股价上涨造成巨大的抛盘压力，阻止股价持续上涨；另一方面也会造成投资者看淡后市，纷纷抛出股票，对行情形成打压。因此，这样的形态是未来股价将会持续下跌的信号。

韶钢松山五档买卖盘口如图 1-21 所示。

000717 韶钢松山		
委比	-52.16% 委差	-9498
卖五	5.27	3449
卖四	5.26	2845
卖三	5.25	2909
卖二	5.24	2894
卖一	5.23	1756	-40
买一	5.22	869
买二	5.21	1162	+304
买三	5.20	1198
买四	5.19	225
买五	5.18	901

图 1-21 韶钢松山五档买卖盘口

如图 1-21 所示，2015 年 12 月 28 日盘中，韶钢松山（000717）五档卖出盘口中的 5.24~5.27 元价位上都出现了 3000 手左右的卖出委托单。这些委托单的数量明显高于买入委托单数量。因此在随后的行情中，它们会对上涨行情形成较大压力，同时会造成投资者陷入恐慌中，纷纷抛出股票。受到它们的打压，未来股价有持续下跌的趋势。

有时候，股价下方的巨大买入委托和下方的巨大卖出委托会同时出现。这样的情况下，股价会进入一个下有支撑、上有阻力的行情中。看到这样的形态后，市场上的投资者也会对后市行情持谨慎态度，在股价真正实现突破之前都不会盲目买入或者卖出股票。因此看到这样的形态后，往往意味着短期内的市场成交都会比较清淡，股价持续横盘，难以有大行情出现。

中华企业五档买卖盘口如图 1-22 所示。

如图 1-22 所示，2015 年 12 月 28 日盘中，中华企业（600675）五档买卖盘口的买二位置有超过 2000 手的巨大买入委托，上方卖一至卖四位置则分别有超过 1000 手的巨大卖出委托。这样的形态说明该股处于一段上有阻力、下有支撑的行情中。这样的行情短期内难以形成大幅波动，无论是想要买入还是卖出股票的投资者，都可以暂时保持观望，等待行情选择方向突破后再进一步确认。

R 600675 中华企业		
委比	-17.37% 委差	-1821
卖五	7.71	143
卖四	7.70	1876
卖三	7.69	1253
卖二	7.68	1165
卖一	7.67	1715	+847
买一	7.66	848	-32
买二	7.65	2188	-2
买三	7.64	324
买四	7.63	575
买五	7.62	396

图 1-22　中华企业五档买卖盘口

当股票涨停时，它的五档买卖盘口中会出现只有买入委托、没有卖出委托的情况。在这样的情况下，在买一位置上的买单数量越多，说明有越多投资者看好该股后市行情，纷纷想要追高买入。该股当日往往会被稳定封在涨停板上，并且未来还有望持续上涨。

通润装备五档买卖盘口如图 1-23 所示。

002150 通润装备		
委比	100.00% 委差	32.2万
卖五		
卖四		
卖三		
卖二		
卖一		
买一	9.53	320194
买二	9.52	461
买三	9.51	157
买四	9.50	622
买五	9.49	86

图 1-23　通润装备五档买卖盘口

如图 1-23 所示，2015 年 12 月 28 日，通润装备（002150）股价强势涨停。买一位置上超过 32 万手的买入委托单说明大量投资者对后市行情极度看好，正在准备买入股票。这样的情况下，未来该股价格将能够保持持续上涨的趋势。

汉威电子五档买卖盘口如图 1-24 所示。

300007 汉威电子		
委比	100.00% 委差	734
卖五		
卖四		
卖三		
卖二		
卖一		
买一	33.65	579
买二	33.64	32
买三	33.63	25
买四	33.62	4
买五	33.60	94

图 1-24　汉威电子五档买卖盘口

如图 1-24 所示，2015 年 12 月 28 日，汉威电子（300007）涨停后，其买一位置上的买单只有 579 手。这说明虽然股价强势上涨，但是市场上并没有太多投资者愿意追高买入这只股票，未来该股能否继续强势上涨还存在一定疑问。

与涨停板相对应，当股票跌停时，它的五档买卖盘口中会出现只有卖出委托、没有买入委托的情况。这样的情况下，在卖一位置上的卖单数量越多，说明有越多投资者看淡后市行情的发展，纷纷要斩仓抛出股票。该股当日往往会被牢牢封死在跌停板上，并且未来还会持续下跌。

中海集运五档买卖盘口如图 1-25 所示。

如图 1-25 所示，2015 年 12 月 28 日，中海集运（601866）股价跌停后，卖一位置上有超过 30 万手卖出委托。这说明当日大量投资者看空该股后市发展，纷纷在低价位上抛出股票。在这样的卖单打压下，未来该股有持续下跌的趋势。

南宁百货五档买卖盘口如图 1-26 所示。

L R₃₀₀ 601866 中海集运		
委比	-100.00% 委差	-31万
卖五	7.56	599
卖四	7.55	2801
卖三	7.54	1919
卖二	7.53	2073
卖一	7.52	300915
买一		
买二		
买三		
买四		
买五		

图1-25　中海集运五档买卖盘口

600712 南宁百货		
委比	-100.00% 委差	-931
卖五	10.66	7
卖四	10.65	94
卖三	10.64	500
卖二	10.63	131
卖一	10.62	199
买一		
买二		
买三		
买四		
买五		

图1-26　南宁百货五档买卖盘口

如图1-26所示，2015年12月28日，南宁百货（600712）股价跌停后，在卖一位置上的卖单数量并不多。这说明因为行情下跌而愿意低价抛出股票的投资者数量并不多。看到这样的形态后，我们可以在底部寻找买入这只股票的机会。

六、成交明细

股票的成交明细数据显示过去几秒钟（一般为3~6秒）内该股发生交易的基本情况。如果过去几秒钟内没有成交则数据不会更新。

分时成交明细数据如图1-27所示。

14:56	12.14	732	S	47
14:56	12.15	718	B	37
14:56	12.16	811	B	54
14:56	12.15	648		46
14:56	12.15	474	B	22
14:56	12.15	466	B	41
14:56	12.15	820	B	47
14:56	12.16	550	B	29
14:56	12.15	967	S	37
14:56	12.15	426	S	29
14:56	12.15	835	S	65
14:56	12.18	672	B	48
14:56	12.16	1364	S	86
14:56	12.16	441	S	29
14:57	12.15	1708	S	53
14:57	12.16	971	B	40
14:57	12.17	154		15
15:00	12.16	17600		1056

图 1-27 分时成交明细数据

如图 1-27 所示，分时成交明细中第一列显示时间。

第二列显示成交价格。如果几秒钟内有多笔不同价格的成交，则只显示最后一笔成交的价格。

第三列显示成交量。如果几秒钟内有多笔成交，则显示成交总量。

第四列显示买 B/卖 S 成交方向。如果几秒钟内有多笔成交，则显示最后一笔的成交方向。

其中的 B 表示主动性买入单，也就是有投资者主动买入了市场上已经存在并等待成交的卖出委托单。S 表示主动性卖出单，也就是有投资者主动卖出了市场上已经存在并等待成交的买入委托单。空白则说明这笔交易是由同时发生的买入委托和卖出委托相互成交的。

例如图 1-27 中第一行的 "14：56 12.14 732 S" 显示 14：56，市场上在 12.14 价位，发生了 732 手主动性卖出。第二行的 "14：56 12.15 718 B" 显示 14：56，市场上在 12.15 价位，发生了 718 手主动性买入。从中投资者可以看出，这 718 手主动性买单，将股价由之前的 12.14 元拉升至 12.15 元。

通过分时成交明细数据，投资者可以观察盘中买卖力量的细微变化，并且将其作为自己判断的依据。

当股价持续上涨、分时成交量柱线变长的时候，如果分时成交明细中连续出现巨大买单将股价向上拉升，就说明在股价上涨过程中，市场上买入股票的多方力量十分强势，不断有投资者持续买入股票。在巨大买盘的支撑下，投资者的做多热情会被充分地调动起来，未来股价往往能够持续上涨，形成大幅上涨的行情。

楚天高速分时走势如图 1-28 所示。

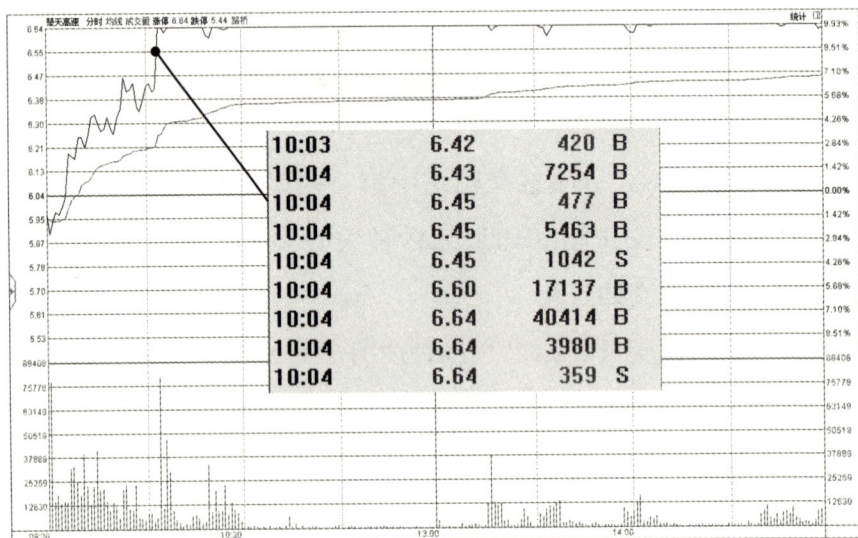

图 1-28　楚天高速分时走势

如图 1-28 所示，2015 年 12 月 28 日，楚天高速（600035）股价强势放量冲高的过程中，它的分时成交明细数据中也出现了连续的大买单将该股股价向上拉升。这样的形态说明市场上买入该股的多方力量很强，这是未来股价会持续上涨的信号。在这样的强势上涨行情中，投资者可以积极追高买入股票。

当股价在盘中持续下跌时，如果分时成交量大幅放大，同时分时成交明细中连续出现巨大卖单将股价向下打压，就形成了大卖单砸盘

的形态。这样的形态说明在股价下跌过程中，市场上抛出股票的空方力量十分强势，不断有投资者持续抛出股票。在巨大抛盘的压力下，未来该股往往会持续下跌，形成大幅下跌的行情。

天津松江分时走势如图 1-29 所示。

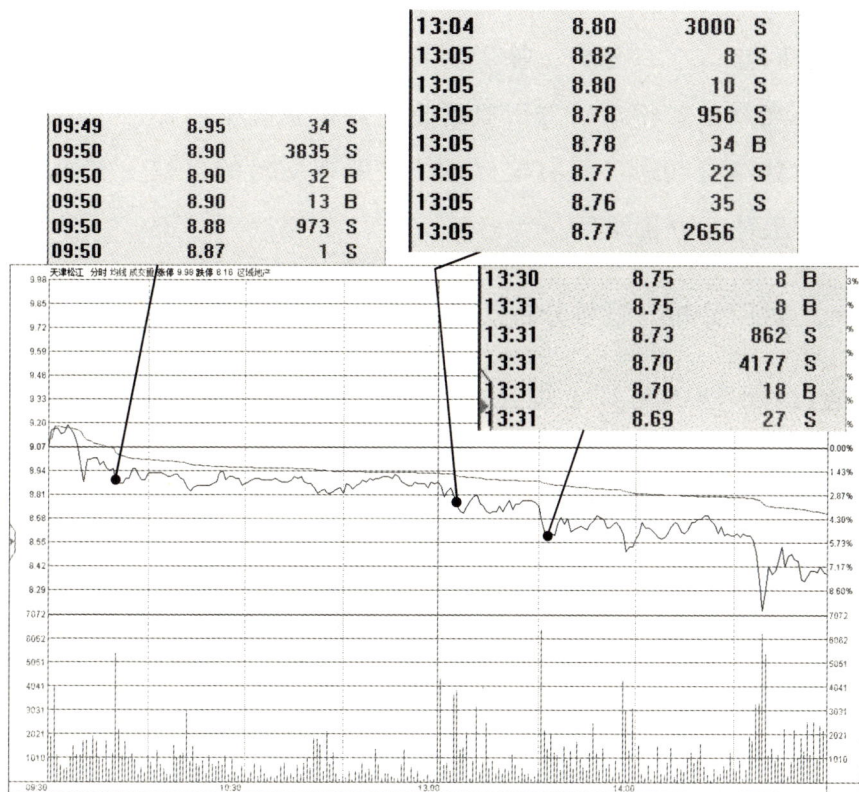

13:04	8.80	3000	S
13:05	8.82	8	S
13:05	8.80	10	S
13:05	8.78	956	S
13:05	8.78	34	B
13:05	8.77	22	S
13:05	8.76	35	S
13:05	8.77	2656	

09:49	8.95	34	S
09:50	8.90	3835	S
09:50	8.90	32	B
09:50	8.90	13	B
09:50	8.88	973	S
09:50	8.87	1	S

13:30	8.75	8	B
13:31	8.75	8	B
13:31	8.73	862	S
13:31	8.70	4177	S
13:31	8.70	18	B
13:31	8.69	27	S

图 1-29 天津松江分时走势

如图 1-29 所示，2015 年 1 月 28 日盘中，天津松江（600225）多次形成放量杀跌的走势。中间多次有大卖单出现，将股价向下打压。这样的形态说明此时市场上的卖出力量十分强势，这样的下跌行情很容易造成投资者恐慌，导致随后该股价格持续下跌。看到这样的形态后，投资者应该注意规避行情会持续下跌的风险。

第二节　盘口相关因素的分析

对分时盘口进行分析，除了要观察以上各个盘口要素外，还有很重要的一点就是要将盘口分析放到整个分析系统中。将盘口语言与其他分析方法结合起来。只有这样才能在股票交易的过程中更加游刃有余，获得最佳的分析结果。

一、盘口分析与趋势分析

通过对股票的 K 线走势分析，以及在 K 线图中的均线、成交量、技术指标等信息进行分析，我们可以了解当前市场的运行趋势，对未来行情发展趋势作出预测。

如果能够将分时图中的盘口分析与 K 线图中的趋势分析结合起来，就可以大大提高判断的准确率，增强自己交易的盈利能力。

具体盘中进行操作时，如果两种分析提供了同样的看涨或者看跌信号，就是一个更加强烈的信号。这时我们可以坚定信心，积极按照信号方向操作。如果两种分析最终得到的信号不同，则我们应该对未来行情发展保持警惕，不要盲目操作。

康耐特日 K 线如图 1–30 所示。

如图 1–30 所示，2015 年 9 月 21 日，康耐特（300061）股价完成了对其 60 日均线的突破。根据 K 线图的趋势分析方法，这样的形态是一个非常强烈的看涨买入信号。

康耐特分时走势如图 1–31 所示。

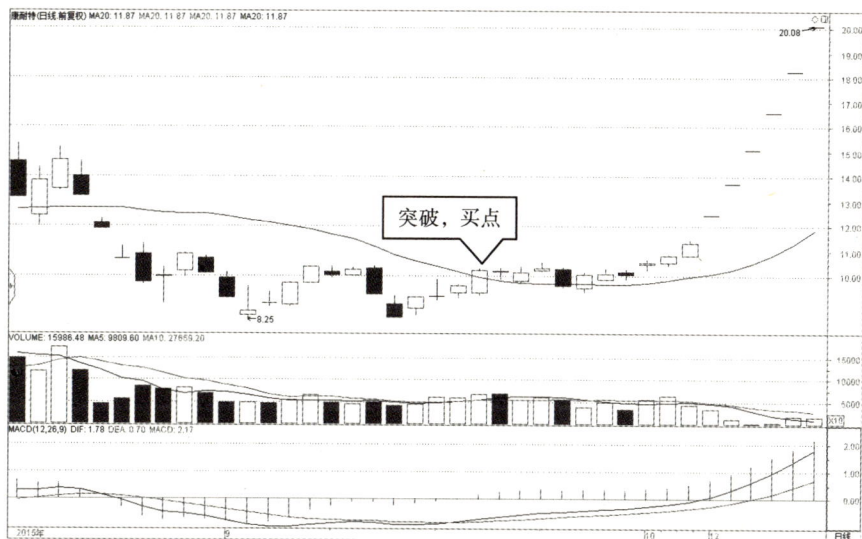

图 1-30 康耐特日 K 线

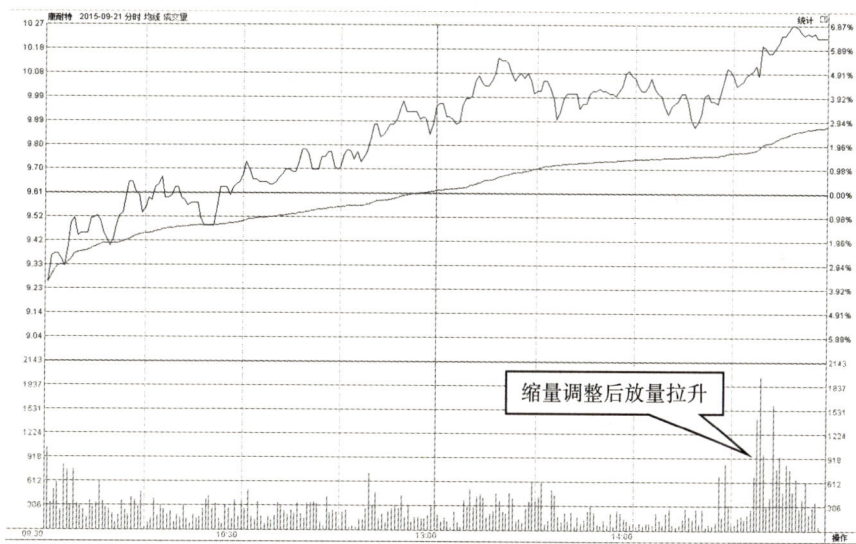

图 1-31 康耐特分时走势

如图 1-31 所示，通过分时走势可以看到，当日盘中康耐特股价持续强势上涨。中间的调整阶段成交量持续萎缩，说明上方压力很小。最终尾盘阶段更是被放量向上拉升，显示出了强势上涨的姿态。对于这种强势上涨的股票，我们可以在盘中坚定买入。

天坛生物日 K 线如图 1-32 所示。

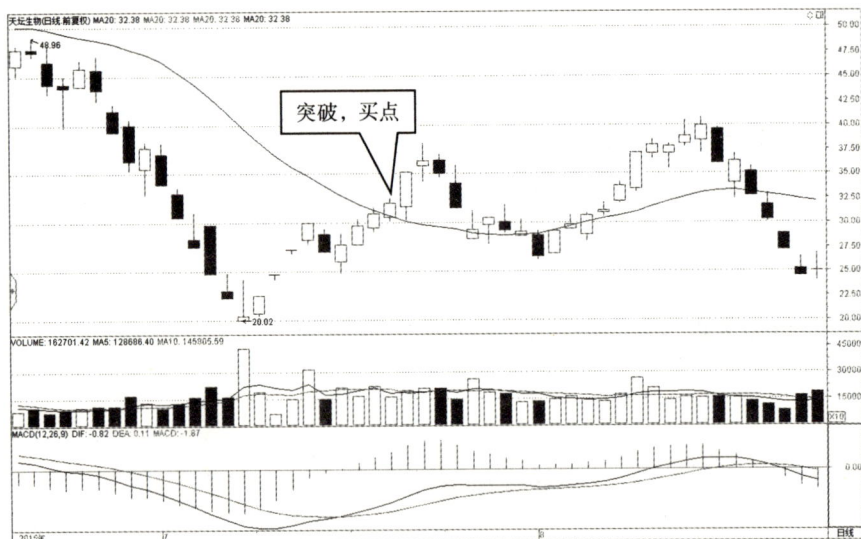

图 1-32　天坛生物日 K 线

如图 1-32 所示，2015 年 7 月 21 日，天坛生物（600161）股价同样完成了对 20 日均线的突破。这样的形态与上个案例相像，也是看涨买入信号。为了谨慎操作，投资者买入前可以进一步观察这一天的分时盘口走势。

天坛生物分时走势如图 1-33 所示。

如图 1-33 所示，当日上午收盘前，该股股价经历了比较深幅的回落，跌破分时均线。这是上方抛盘压力较大的信号。下午开盘后虽然股价持续上涨，不过上涨过程中的成交量持续萎缩，这又说明追高买入该股的投资者有限。在这样的情况下，未来该股的上涨趋势很难持续下去。

因此，观察了这只股票的分时形态后，我们应该对这只股票未来能否持续上涨持谨慎态度，不要盲目买入股票。即使买入，也应该减少投入的仓位。

图1-33 天坛生物分时走势

二、盘口分析与消息分析

对于市场上的消息分析也是投资者分析体系的重要组成部分。当市场上出现某个重要的利好或者利空消息时，投资者可以多关注该股的盘口动向，这样就可以了解到大多数投资者对于这条消息的反应。

通过这种反应的程度，我们就可以在一定程度上推断出未来这只股票的发展趋势，并提前做好准备。

兆日科技日K线如图1-34所示。

如图1-34所示，自2015年12月3日起，随着第二届世界互联网大会即将举行，多只互联网相关公司强势上涨。兆日科技（300333）从这个交易日开始连续四个交易日涨停。从K线走势上看，这只股票在12月3日刚刚在20日均线附近获得支撑开始上涨，形成了买入信号。

兆日科技分时走势如图1-35所示。

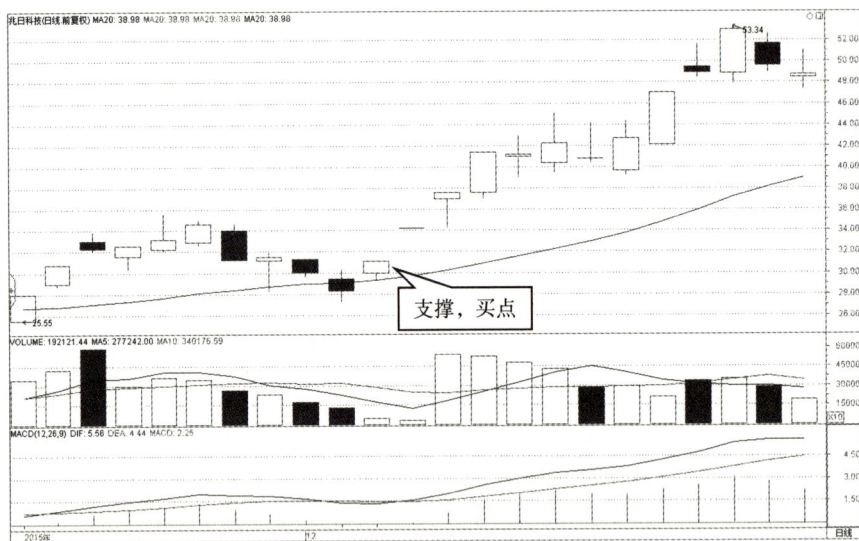

图1-34　兆日科技日K线

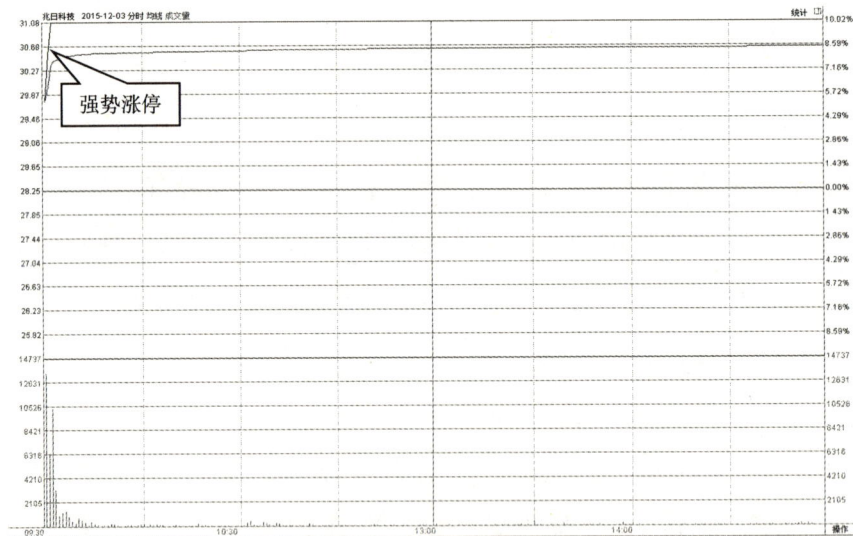

图1-35　兆日科技分时走势

如图1-35所示，通过12月3日的分时走势图也可以看到，当日该股开盘后迅速向上冲高，之后就被牢牢封在涨停板上。拉升的中途完全没有回落走势出现，涨停后也没有太大的成交量。这都说明市场上的投资者对该股能够上涨的概念十分认可，纷纷追高买入股票。对

于这样的股票，我们可以在涨停后积极排队等待买入。

三、个股盘口与大盘盘口

个股盘口代表某一只股票在一个交易日内的走向。而大盘盘口则代表着市场上所有股票在一个交易日内的整体走向。通过个股盘口和大盘盘口综合分析，我们可以从另一个角度理解当日股价涨跌的内在含义。

如果大盘在盘中持续上涨的同时，个股也能够同步上涨，甚至涨幅超过大盘，就说明该股的上涨行情得到了整个市场的支持。这样的上涨行情往往能够持续较长时间。这样的情况下投资者可以积极追高买入股票。

东风科技分时走势如图 1-36 所示。

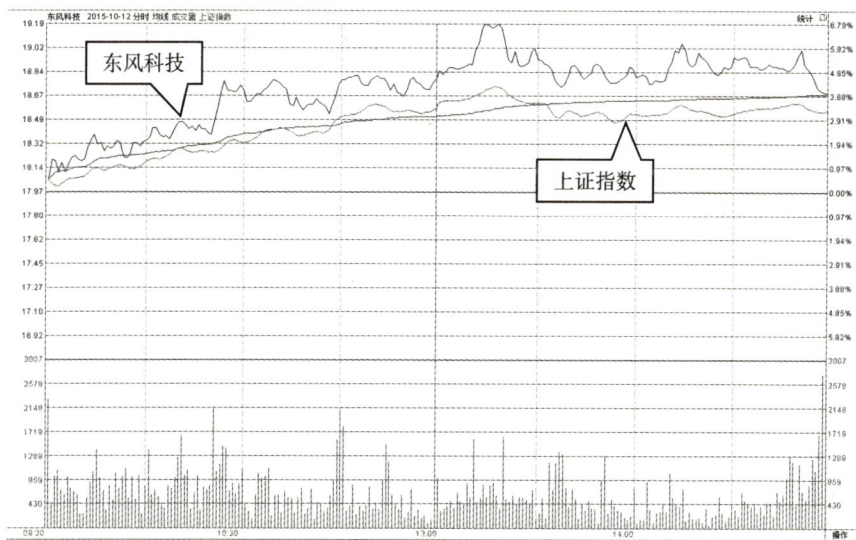

图 1-36 东风科技分时走势

如图 1-36 所示，2015 年 10 月 12 日盘中，东风科技（600081）分时线沿着其分时均线持续上涨的同时，整个大盘也处于持续的上涨趋势中。并且东风科技的涨幅要强于上证指数。这样的形态说明当日该股的上涨顺应了整个市场趋势。这样的上涨行情有望持续下去。这一日上涨的过程中，投资者可以积极追高买入。

如果个股的走势与大盘相反。例如个股上涨时大盘下跌，或者个股下跌时大盘上涨，就说明该股走出了独立的行情。这样的股票走势难以得到市场上大多数投资者的认可，未来市场会表现出分歧的局面，需要进一步考察。

石大胜华分时走势如图 1-37 所示。

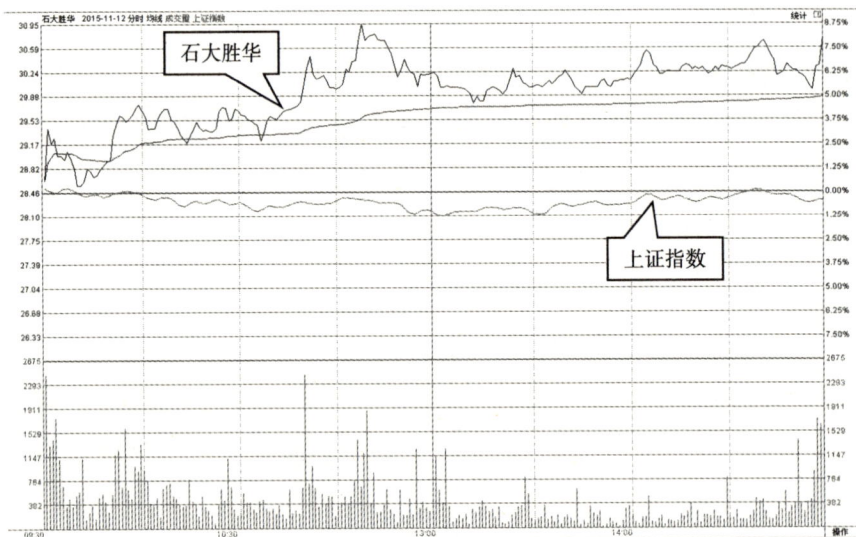

图 1-37　石大胜华分时走势

如图 1-37 所示，2015 年 11 月 12 日盘中，石大胜华（603026）股价沿着其分时均线持续上涨的同时，整个上证指数却一直在低位反复震荡。这样的形态说明该股此次上涨行情没有得到整个大盘的配合。对于这样的上涨行情，投资者应该保持谨慎，不应该贸然进入。

如果大盘下跌的同时，股票的价格也持续下跌，甚至跌幅超过大盘。则说明该股的下跌趋势顺应了整个市场。这样的情况下，股票的下跌趋势有可能持续下去。此时投资者应该尽快抛出股票，规避风险。

万通地产分时走势如图 1-38 所示。

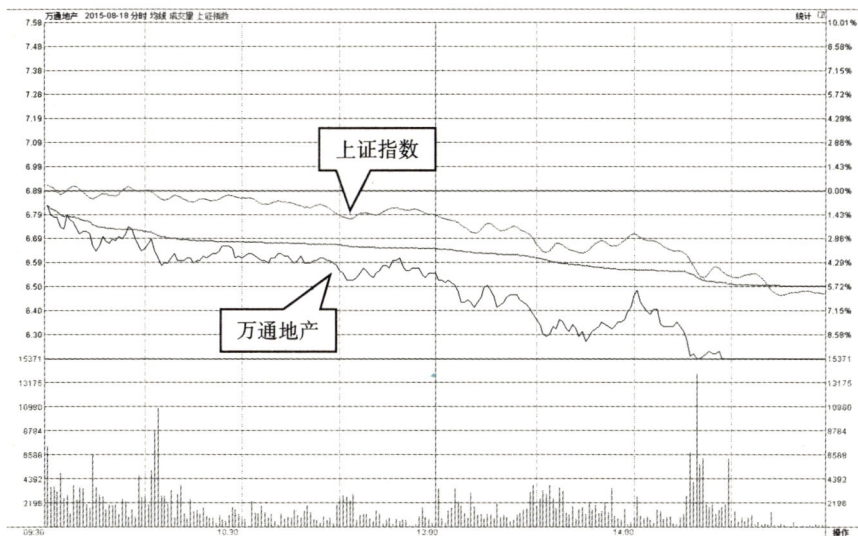

图 1-38 万通地产分时走势

如图 1-38 所示，2015 年 8 月 18 日盘中，万通地产（600246）股价在分时均线下方持续下跌的同时，整个大盘当日也持续下跌。这样的形态说明此时该股的下跌趋势得到了整个市场的进一步确认。在这样的弱势下跌行情中，我们需要尽量控制风险。手中没有股票的应该保持空仓，手中已经有股票的则应该尽快卖出。

第三节　盘口分析的注意事项

盘口分析只是众多分析方法中的一种。我们对盘口进行分析的过程中，应该多注意将盘口分析技术与其他技术结合，将个股与大盘结合，将短期分析与长期分析结合。只有从多个角度综合分析未来行情走向，才能得到更加准确的判断。

一、不同盘口要素结合

盘口信息中包括走势、成交量、指标、五档买卖、盘口指标和分时成交量等多个方面。投资者对行情进行分析的过程中，应该将盘口中的众多不同要素结合起来进行，这样才能够得到更加准确的分析结果。

江海股份分时走势如图 1-39 所示。

图 1-39 江海股份分时走势

如图 1-39 所示，2015 年 11 月 18 日，江海股份（002484）股价沿着分时均线下方持续下跌，并且反弹时在分时均线附近遇到了较强的阻力。随后当股价向上突破分时均线时，按照分时均线的形态，这是一个可靠的看涨买入信号。

不过，在成交量信号中我们可以看到，随着股价反弹上涨，成交量显示出了逐渐萎缩的趋势。这样的成交量形态说明股价的上涨行情并不稳固，未来难以持续下去。

将分时图形态和成交量形态结合起来，我们应该对后市行情的发

展保持谨慎态度，不要在这次反弹的过程中过多地买入股票。

二、多只个股分析结合

我们在盘中观察一只股票分时盘口的同时，不要局限在单独这只股票上，而是应该把视野放宽，多关注与该股相关的其他股票走势。如果两只股票的走向得到了相互验证，就是对行情的进一步确认。这样的情况下，我们对未来行情做出的判断会更加准确。

格力电器和美的集团日 K 线如图 1-40 所示。

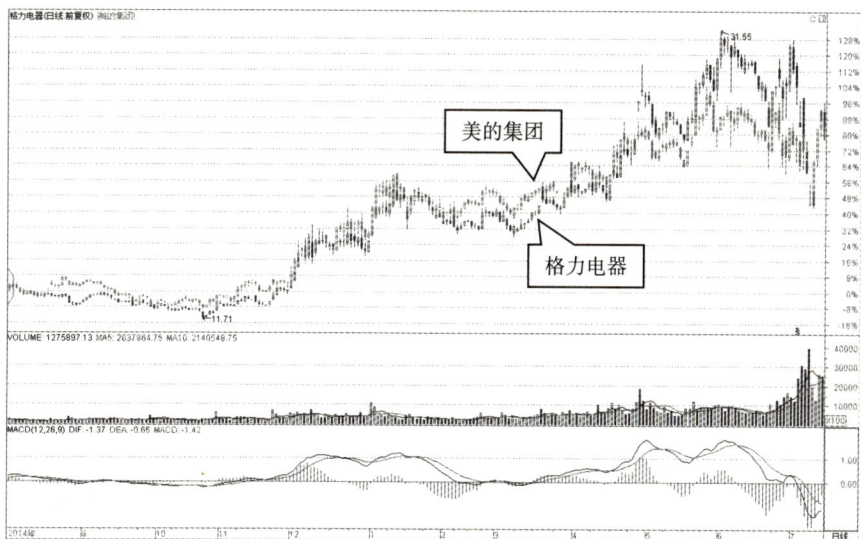

图 1-40 格力电器和美的集团日 K 线

如图 1-40 所示，格力电器（000651）和美的集团（000333）两只股票从业务上高度相似，并且从历时走势看，这两只股票也在很长时间里都表现出了同涨共跌的趋势。这是因为市场上投资者倾向于给他们同样的估值。同样一条消息，对一只股票利好的话，很可能也会利好另一只股票；对一只股票利空的话，很可能也会利空另一只股票。所以无论在上涨行情还是下跌行情中，这两只股票的走势都高度一致。

对于这样两只表现出高度相似性的股票，我们在日常交易的过程中，可以经常对比他们的股票走势。如果一只股票强势上涨，另一只股票还没有上涨，那么这只没上涨的股票未来往往也会有强势上涨的趋势。这时我们可以积极买入，等待补涨行情。

相反，如果一只股票已经大幅下跌，而另一只股票还没有大幅下跌，则这只没有下跌的股票未来很可能下跌。这时我们应该卖出这只没有下跌的股票，规避补涨行情的风险。

格力电器和美的集团分时走势 1 如图 1-41 所示。

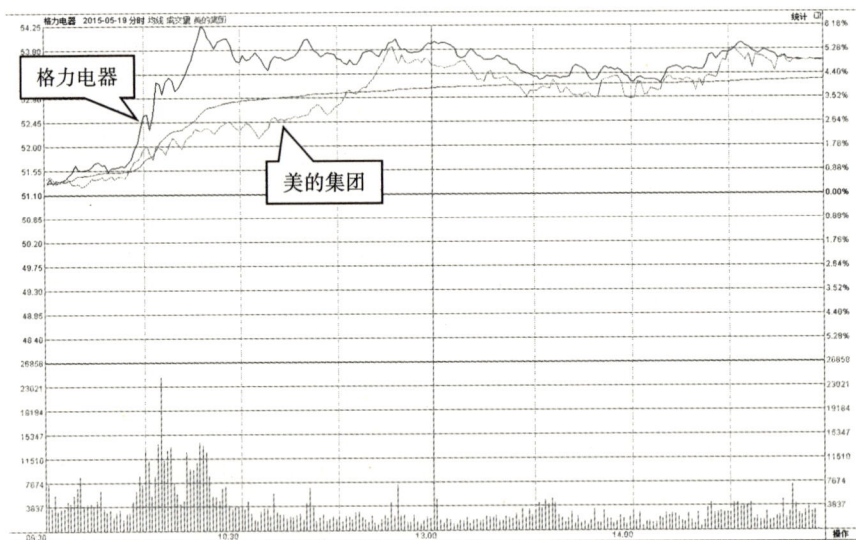

图 1-41　格力电器和美的集团分时走势 1

如图 1-41 所示，2015 年 5 月 19 日，格力电器开盘后迅速向上冲高的过程中，美的电器的上涨趋势却比较迟缓，表现出了滞涨形态。这时我们可以积极买入滞涨的美的电器股票，追求之后的补涨行情收益。

格力电器和美的集团分时走势 2 如图 1-42 所示。

如图 1-42 所示，2015 年 9 月 14 日，格力电器开盘后持续横盘整理，美的电器股价则已经持续下跌。这说明当日这两只股票有可能进入弱势下跌的趋势中。此时如果我们手中持有格力电器的股票，应该

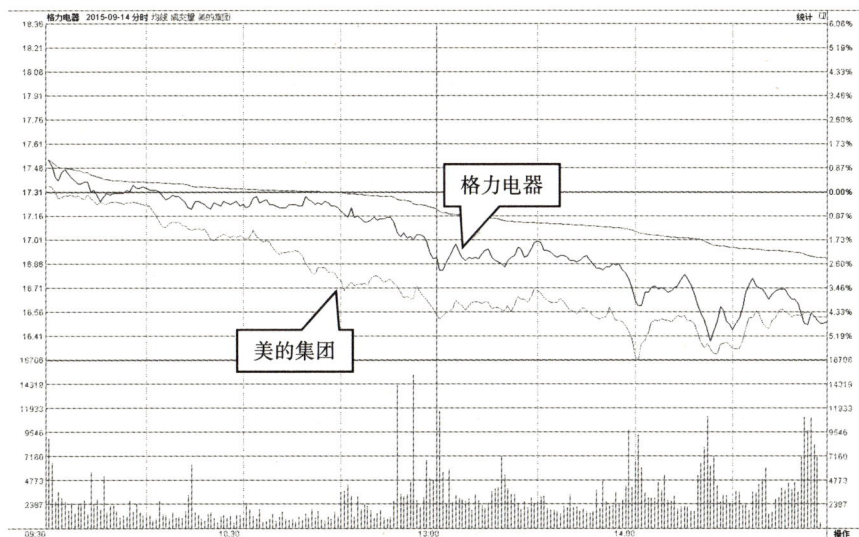

图 1-42　格力电器和美的集团分时走势 2

尽快卖出，规避风险。

三、多注意大盘盘口分析

大盘盘口是我们在盘中看盘的过程中另一个需要重点关注的地方。当大盘整体上涨时，个股的上涨行情才有望持续下去。如果大盘整体处于弱势中，个股即使能够上涨也很难得到大多投资者认可，不会有强势行情出现。

在盘口的构成要素上，大盘盘口中没有五档买卖盘口等信息，却多出了领先分时线、红绿柱线等独有信息。

（1）领先分时线

领先分时线与大盘分时线都是考察整个市场上股票涨跌情况的指标线。不过二者在计算时侧重点有所不同罢了。大盘分时线计算时，考虑大盘股涨跌的因素更多；而领先分时线计算时，对所有股票同样考虑，可以认为相对考虑小盘股涨跌的因素较多。

因此，我们可以将大盘分时线理解为统计大盘股涨跌的曲线，将领先分时线理解为统计小盘股涨跌的曲线。盘中通过这两根曲线的涨跌对比，就能够了解市场上是大盘股在领涨还是小盘股在领涨。

（2）红绿柱线

在大盘分时走势图中，围绕 0 轴附近的红绿柱线代表了整个市场的涨跌趋势。

其中红色柱线代表了整个股票市场上所有买入股票的多方力量的强势程度。红色柱线越长，表示市场上就有越多投资者正在买入股票，多方力量越强势。当红色柱线变长时，说明市场上的多方力量越来越强，未来指数有持续上涨的趋势。

绿色柱线则代表了整个股票市场上所有卖出股票的空方力量的强势程度。绿色柱线越长，表示市场上就有越多投资者正在抛出股票，空方力量越强势。当绿色柱线变长时，说明市场上的空方力量越来越强，未来指数有持续下跌的趋势。

上证指数分时走势如图 1-43 所示。

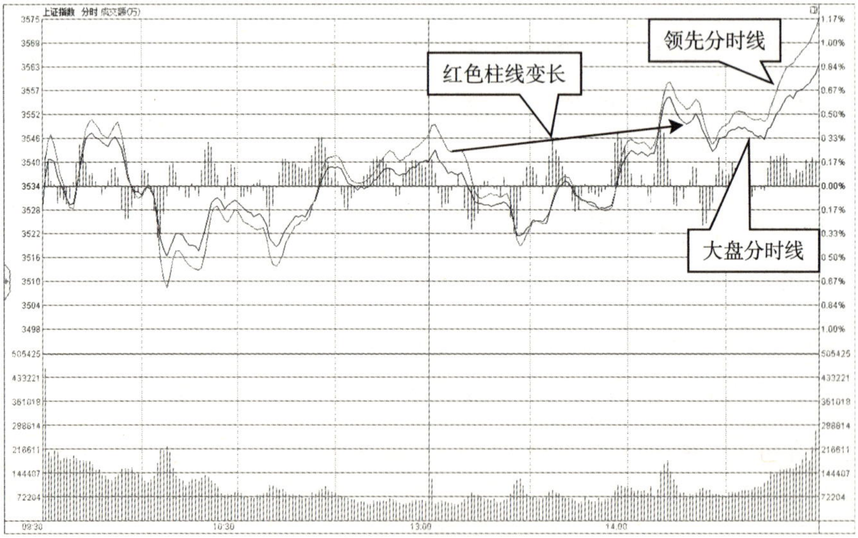

图 1-43　上证指数分时走势

如图 1-43 所示，2015 年 12 月 29 日，盘中大部分时间内，大盘分时线和领先分时线都反复震荡，并且纠缠在一起。这说明当日无论大盘股和小盘股都没有太多表现。

直到收盘前，整个市场开始向上冲高。冲高过程中，领先分时线的上涨趋势明显要强过大盘分时线。这说明当日尾盘阶段，小盘股的强势上涨是推动整个市场冲高的主力。

此外，我们通过红绿柱线还可以发现，当日下午开盘后，红色柱线明显要强过绿色柱线，并且有越来越长的趋势。这说明市场上买入股票的力量越来越强，市场进入上涨趋势中。这种红色柱线越来越长的形态也是对大盘尾盘阶段向上冲高的一种预示。

四、多注意板块整体动向

除了个股和大盘外，我们每个交易日看盘时还应该多注意不同板块的动向。通过板块的涨幅排行榜，我们可以了解到当日整个市场上最被投资者追捧的是哪个行业、哪个地域或者具备哪种特点的股票。通过这种分析，我们可以了解市场热点的变化趋势，把准市场炒作的脉络。

在每个交易日观察强势板块的基础上，通过多个交易日的观察，如果我们发现某个板块在连续 3~5 个交易日中都处于涨幅榜前列，则说明这是一个极为强势的板块。这样的板块往往已经形成了市场上的持续热点，板块内股票有望在较长时间内保持持续上涨行情。

板块涨幅排名如图 1-44 所示。

如图 1-44 所示，当日涨幅排名前列的三个板块分别是公共交通、家用电器和造纸。这三个板块所有股票的平均涨幅要明显高于其他各板块，是我们当日选股操作时可以关注的重点。

	代码	名称	涨幅%	现价	涨跌	涨速%	量比	涨跌数	连涨天	3日涨幅%	换手%	净流入	总金额	强弱度%
1	880453	公共交通	2.12	2052.48	42.70	0.29	1.08	7/0	2	3.00	2.91	1.95亿	27.3亿	1.75
2	880387	家用电器	2.00	1912.41	37.53	-0.07	0.67	26/6	1	-0.01	1.43	1.85亿	85.2亿	1.63
3	880350	造纸	1.92	1419.36	26.78	0.05	1.09	18/1	1	-0.60	2.74	6157万	40.2亿	1.55
4	880301	煤炭	1.02	503.89	5.10	-0.18	0.84	30/3	1	-1.39	0.81	2.69亿	42.9亿	0.65
5	880390	汽车类	0.81	1653.51	13.31	-0.06	0.78	65/34	1	0.17	1.22	1.85亿	205.9亿	0.44
6	880472	证券	0.80	1787.29	14.10	-0.05	0.41	22/1	1	-3.14	1.25	1.21亿	184.2亿	0.42
7	880318	钢铁	0.70	864.11	5.97	-0.04	0.69	36/18	1	-1.30	0.98	-2.91亿	97.1亿	0.32
8	880446	电气设备	0.68	1486.70	10.10	-0.01	0.68	80/33	1	-0.82	2.01	-1.69亿	301.6亿	0.31
9	880474	多元金融	0.68	2546.56	17.17	0.03	0.72	4/3	1	1.07	1.81	-8507万	36.4亿	0.31
10	880490	通信设备	0.66	1914.61	12.48	0.00	0.74	40/24	1	-0.69	2.16	-1.30亿	155.7亿	0.28
11	880492	元器件	0.63	1792.96	11.14	-0.09	0.77	66/34	1	-0.95	1.94	-2.92亿	260.7亿	0.25
12	880406	商业连锁	0.61	1403.98	8.50	0.00	0.72	49/30	1	-0.91	1.69	-2.19亿	174.5亿	0.24
13	880380	酿酒	0.56	1190.01	6.68	0.00	0.70	23/11	1	-2.28	1.08	-2830万	49.9亿	0.19
14	880471	银行	0.55	1486.52	8.17	-0.15	0.59	14/1	1	-1.62	0.11	2.28亿	95.9亿	0.18
15	880344	建材	0.49	1056.57	5.18	0.07	0.74	51/20	1	-1.87	1.89	-3.38亿	117.9亿	0.12
16	880372	食品饮料	0.48	1695.16	8.86	0.11	0.66	31/19	1	-1.99	1.93	-6.41亿	106.3亿	0.10
17	880454	水务	0.45	1527.70	6.80	0.00	0.56	9/1	1	-2.08	0.73	-1.03亿	12.9亿	0.07
18	880447	工程机械	0.45	704.23	3.13	-0.05	0.83	19/7	1	-0.71	1.13	6494万	55.9亿	0.07
19	880324	有色	0.44	667.14	2.93	-0.02	0.69	43/31	1	-1.87	1.21	-1.74亿	178.2亿	0.07
20	880310	石油	0.44	856.62	3.73	-0.09	0.67	11/10	1	-1.23	0.14	-1732万	43.9亿	0.06

图 1-44　板块涨幅排名

五、多注意强势个股动向

无论大盘整体走向还是板块动向都是由无数个个股所组成的。我们在盘中交易时，除了关注自己手中的个股和大盘走势外，还应该多关注那些大幅上涨，能够吸引大量投资者关注，股价有望持续上涨的股票。

同时，通过当前市场上涨幅排名前列的股票情况，我们还可以了解到整个市场的投资氛围强弱。涨停的股票数量越多，说明当日的行情越强势。一般来说，界定强势行情的标准是开盘阶段涨停股票数量在 20 只以上，盘中涨停的股票数量在 50 只以上。

股票涨幅排名如图 1-45 所示。

如图 1-45 所示，当日盘中涨幅排名前 20 位的股票全部涨停。实际上这时涨停的非 ST 股票数量已经达到 64 只。这样数据说明当日整个市场都处于强势上涨的趋势中。而这些能够强势涨停的股票是当日我们在盘中可以重点关注的品种。

	代码	名称	涨幅%↓	振幅%	涨跌	买价	卖价	总金额	总量	细分行业
1	600966	博汇纸业	10.10	10.36	0.39	4.25	—	2.43亿	591081	造纸
2	000561	烽火电子	10.04	8.93	1.27	13.92	—	7.12亿	534027	通信设备
3	002591	恒大高新	10.03	12.56	1.74	19.09	—	1.27亿	70766	机械基件
4	000606	青海明胶	10.03	0.00	1.39	15.25	—	7811万	51222	化学制药
5	002355	兴民钢圈	10.03	9.07	1.78	19.53	—	4.35亿	230058	汽车配件
6	300169	天晟新材	10.03	1.56	1.48	16.24	—	2.49亿	153224	塑料
7	002232	启明信息	10.03	12.18	1.86	20.41	—	5.89亿	304143	软件服务
8	002296	辉煌科技	10.03	8.21	1.93	21.18	—	7.44亿	357389	通信设备
9	002786	银宝山新	10.02	0.00	2.06	22.61	—	8.59万	38	专用机械
10	002785	万里石	10.02	0.00	0.44	4.83	—	1.79万	37	其他建材
11	600258	首旅酒店	10.02	0.00	2.25	24.70	—	2714万	10989	酒店餐饮
12	600702	沱牌舍得	10.02	11.20	2.04	22.40	—	3.43亿	161863	白酒
13	002524	光正集团	10.02	10.69	1.05	11.53	—	4.45亿	397417	钢加工
14	000638	万方发展	10.02	11.53	2.65	29.10	—	5.25亿	185737	批发业
15	300493	润欣科技	10.02	0.00	3.11	34.16	—	217万	634	通信设备
16	600865	百大集团	10.02	10.38	1.91	20.98	—	4.82亿	239828	百货
17	000779	三毛派神	10.01	5.03	2.19	24.06	—	4.10亿	170386	纺织
18	002782	可立克	10.01	0.00	1.60	17.58	—	21.10万	120	电气设备
19	002781	奇信股份	10.01	0.00	2.81	30.88	—	32.98万	107	装修装饰
20	002733	雄韬股份	10.01	8.66	2.89	31.76	—	9.00亿	287744	电气设备

图1-45 股票涨幅排名

第二章　市场上的各种主力

在熟悉了各种盘口语言的基础上，我们来认识市场上的各种主力。所谓"知己知彼、百战不殆"，只有对主力的特点和操盘模式有一个全面认识，才能在与主力博弈的过程中占据主动，不至于落入主力的陷阱中。

我们这一章主要从各种不同的主力机构、主力操盘的特点、主力操盘的流程三个方面，全面分析市场的主力机构。

第一节　长线主力和短线主力

市场上所有手握大量资金，能够对股价涨跌施加重大影响的投资者都叫作主力。这些主力可能是机构，也可能是个人；可能会操纵股价获利，也可能会进行长线价值投资。按照他们的操盘周期长短，我们可以将市场上所有主力划分为长线主力、中线主力和短线主力三类。

一、长线主力

长线主力是指持仓时间在一年以上甚至几年的主力。

目前市场上的长线主力主要是一些官方或者半官方性质的资金。

例如社保基金、公募基金、保险资金、企业年金等。他们持股看中的是股票业绩，以投资者的心态进入股市。虽然手中握有大量资金，但这些长线主力并不干预股价的涨跌，而是选择在熊市下跌至低价时买入持有，等到牛市中股票的投资价值被大多数投资者发现时，股价自然就会大幅上涨。即使股价不上涨，这些主力也可以凭借上市公司每年分红获得不错的收益率。

平安银行十大股东如图 2-1 所示。

截至日期: 2015-05-13 十大股东情况

股东名称（单位：万股）	持股数	占总股本比(%)	股份性质	增减情况
中国平安保险（集团）股份有限公司-集团本级-自有资金	497619.65	34.78	无限售A股	↑21020.67
	211588.10	14.79	限售A股	-
中国平安人寿保险股份有限公司-自有资金	87455.23	6.11	无限售A股	未变
中国平安人寿保险股份有限公司-传统-普通保险产品	32478.00	2.27	无限售A股	未变
葛卫东	31046.53	2.17	无限售A股	↓-1916.24
深圳中电投资股份有限公司	17195.99	1.20	无限售A股	未变
华富基金-浦发银行-华富基金-浦发银行-吉渊投资定增2号资产管理计划	7185.50	0.50	限售A股	新进
易方达资产-浦发银行-易方达资产-浦发银行-吉渊投资定增1号资产管理计划	7185.50	0.50	限售A股	新进
全国社保基金一零二组合	5545.63	0.39	无限售A股	未变
银河资本-渤海银行-银河资本-银河2号资产管理计划	4794.31	0.34	限售A股	新进
全国社保基金一零九组合	4700.00	0.33	无限售A股	↓-299.99

图 2-1　平安银行十大股东

如图 2-1 所示，平安银行（000001）的发展前景广阔，是目前市场上公认的最具投资价值的股票之一。从该股的十大股东情况可以看出，其中汇集了众多机构投资者。这些机构投资者持有该股，并不是要在短期内操纵股价的涨跌，而是为了追求公司投资价值长期增长带来的投资收益。

二、中线主力

中线主力主要是一些私募基金和个人投资者。他们的持股周期在几周至几个月。中线主力擅长的是顺势交易。主要在大盘的某个中级上涨行情中，或是某一个持续的炒作题材中，通过低买高卖来获利。

为了降低买入价格，中线主力会消耗较长的时间来建仓。随后把股票卖出在高价，中线主力又会配合大盘上涨趋势、板块共同炒作和个股利好消息等因素，进行持续的拉升操作。在拉升过程中，市场人气会被逐渐地调动起来，主力就可以完成出货。

重庆啤酒日 K 线如图 2-2 所示。

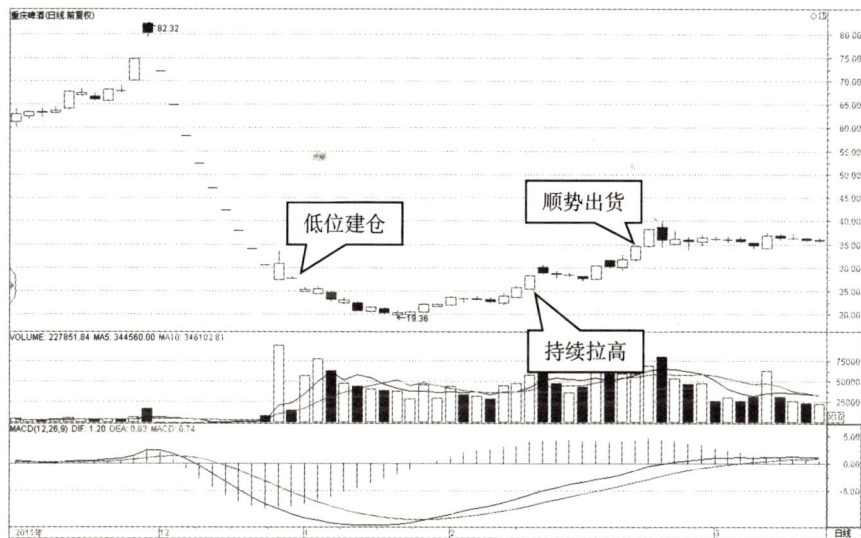

图 2-2　重庆啤酒日 K 线

如图 2-2 所示，2011 年 12 月，重庆啤酒（600132）公告称被寄予厚望的疫苗基本无效。公告一出，股价从 82 元开始连续跌停，一直下跌到了 28 元附近。

此时利用市场上散户投资者的普遍看空气氛，有私募基金的资金开始入市买入股票。

该股股价下跌至 20 元以下后，逐渐止住跌势。此时主力机构在买入股票建仓的同时，将股价向上拉升。看到股价上涨，很多散户投资者认为行情已经见底，于是纷纷买入该股，推动股价开始持续上涨。

当股价上涨至 30 元以上后，涨幅已经达到 50%。这时更多投资者开始坚定看好未来行情的信息，纷纷追高买入股票。主力则在这时顺势抛出了股票。成功在短期内赚到巨大收益。

三、短线主力

短线主力是指持仓周期在几个交易日，最多不超过一周的主力。这是目前市场上比较流行的一种坐庄手段。这类主力的特点是操作周期短、不追求控盘、投入资金少。因为控盘程度并不高，他们为了达到坐庄的目的，会特别重视调动散户投资者的热情。

在行情即将走强时，主力机构会大量买入股票建仓，造成行情将会强势上涨的信号。随着其他投资者的买入热情被调动起来，市场上出现大量跟风买盘，这类主力就会抛出自己的股票，完成一次交易。

中矿资源日 K 线如图 2-3 所示。

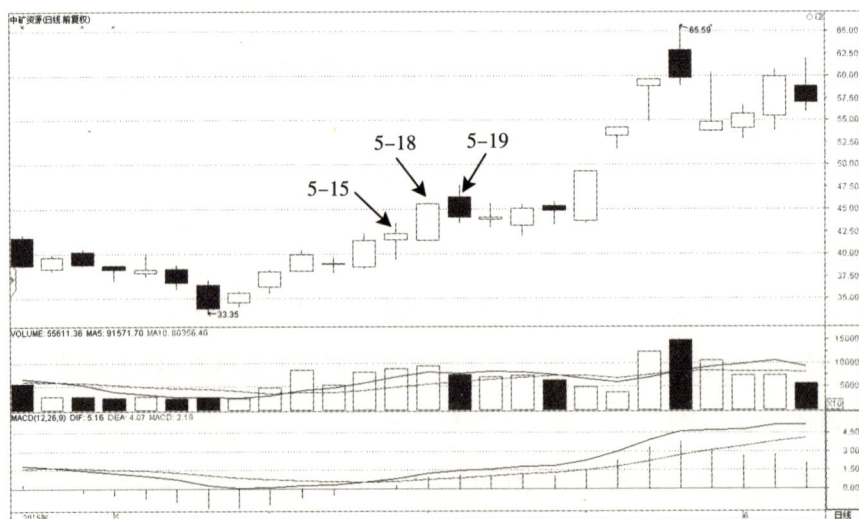

图 2-3　中矿资源日 K 线

如图 2-3 所示，2015 年 5 月 15 日至 19 日，中矿资源（002738）上涨后遇阻。通过这三个交易日的成交回报数据，投资者可以了解这段时间内该股主力操作的动向。

中矿资源成交回报（2015 年 5 月 15 日）如图 2-4 所示。

2015-05-15 星期五 类型：当日换手率达到20%的证券
收盘价：42.46元 涨跌幅：1.85% 成交量：883.38万手 成交金额：36797.58万元

买入金额最大的前5名

序号	交易营业部名称	买入金额(万)	占总成交比例	卖出金额(万)	占总成交比例	净额(万)
1	国信证券股份有限公司成都二环路证券营业部	1924.26	5.23%	1088.08	2.96%	836.18
2	机构专用	1296.14	3.52%	0.00	0.00%	1296.14
3	光大证券股份有限公司长沙人民中路证券营业部	707.59	1.92%	1.59	0.00%	706.00
4	华泰证券股份有限公司北京东雅宝路证券营业部	603.62	1.64%	9.80	0.03%	593.82
5	华泰证券股份有限公司北京月坛南街证券营业部	446.38	1.21%	8.15	0.02%	438.23

卖出金额最大的前5名

序号	交易营业部名称	买入金额(万)	占总成交比例	卖出金额(万)	占总成交比例	净额(万)
1	中国国际金融有限公司杭州教工路证券营业部	0.00	0.00%	2131.45	5.79%	-2131.45
2	国信证券股份有限公司成都二环路证券营业部	1924.26	5.23%	1088.08	2.96%	836.18
3	湘财证券股份有限公司上海陆家嘴证券营业部	256.98	0.70%	889.13	2.42%	-632.15
4	中国中投证券有限责任公司鞍山南胜利路证券营业部	0.80	0.00%	843.39	2.29%	-842.58
5	海通证券股份有限公司上海乳山路证券营业部	297.58	0.81%	419.30	1.14%	-121.72
	买入前5名与卖出前5名总合计	5533.37	15.04%	5390.89	14.65%	142.48

图 2-4 中矿资源成交回报（2015 年 5 月 15 日）

如图 2-4 所示，根据 2015 年 5 月 15 日公布的成交回报显示，当日国信证券股份有限公司成都二环路证券营业部是坐庄该股的主力，净买入 836.18 万元。

中矿资源成交回报（2015 年 5 月 18 日）如图 2-5 所示。

如图 2-5 所示，随后一个交易日的成交回报显示，前日的坐庄主力国信证券股份有限公司成都二环路证券营业部，当日净卖出 1102.71 万元。也就是说，他只持有股票一个交易日就马上卖出。

从当日买入榜看，光大证券股份有限公司长沙人民中路证券营业部和南京证券股份有限公司广州体育西路证券营业部分别净买入了超过 1000 万元股票，是接盘买入的主力资金。

中矿资源成交回报（2015 年 5 月 19 日）如图 2-6 所示。

2015-05-18 星期一　类型：当日换手率达到20%的证券
收盘价：45.80元　涨跌幅：7.87%　成交量：938.43万手　成交金额：41812.67万元

买入金额最大的前5名

序号	交易营业部名称	买入金额(万)	占总成交比例	卖出金额(万)	占总成交比例	净额(万)
1	光大证券股份有限公司长沙人民中路证券营业部	1926.58	4.61%	739.32	1.77%	1187.26
2	南京证券股份有限公司广州体育西路证券营业部	1493.59	3.57%	0.00	0.00%	1493.59
3	国信证券股份有限公司成都二环路二证券营业部	951.88	2.28%	2054.59	4.91%	-1102.71
4	中信证券股份有限公司	682.42	1.63%	0.00	0.00%	682.42
5	机构专用	658.48	1.57%	0.00	0.00%	658.48

卖出金额最大的前5名

序号	交易营业部名称	买入金额(万)	占总成交比例	卖出金额(万)	占总成交比例	净额(万)
1	国信证券股份有限公司成都二环路二证券营业部	951.88	2.28%	2054.59	4.91%	-1102.71
2	光大证券股份有限公司长沙人民中路证券营业部	1926.58	4.61%	739.32	1.77%	1187.26
3	华泰证券股份有限公司北京雍和宫证券营业部	95.24	0.23%	634.11	1.52%	-538.87
4	兴业证券股份有限公司呼和浩特新华街证券营业部	0.00	0.00%	491.19	1.17%	-491.19
5	湘财证券股份有限公司上海陆家嘴证券营业部	130.01	0.31%	444.20	1.06%	-314.19
	买入前5名与卖出前5名总合计：	5938.20	14.20%	4363.43	10.44%	1574.77

图 2-5　中矿资源成交回报（2015 年 5 月 18 日）

2015-05-19 星期二　类型：当日换手率达到20%的证券
收盘价：44.20元　涨跌幅：-3.49%　成交量：755.40万手　成交金额：34086.83万元

买入金额最大的前5名

序号	交易营业部名称	买入金额(万)	占总成交比例	卖出金额(万)	占总成交比例	净额(万)
1	中信证券股份有限公司	1130.33	3.32%	0.00	0.00%	1130.33
2	中国银河证券股份有限公司厦门美湖路证券营业部	837.90	2.46%	220.12	0.65%	617.78
3	中国中投证券有限责任公司南通如东青园北路证券营业部	802.49	2.35%	1.33	0.00%	801.16
4	光大证券股份有限公司长沙人民中路证券营业部	516.76	1.52%	1761.23	5.17%	-1244.46
5	广发证券股份有限公司深圳民田路证券营业部	497.19	1.46%	2.29	0.01%	494.90

卖出金额最大的前5名

序号	交易营业部名称	买入金额(万)	占总成交比例	卖出金额(万)	占总成交比例	净额(万)
1	光大证券股份有限公司长沙人民中路证券营业部	516.76	1.52%	1761.23	5.17%	-1244.46
2	南京证券股份有限公司广州体育西路证券营业部	0.00	0.00%	1496.40	4.39%	-1496.40
3	国信证券股份有限公司成都二环路二证券营业部	0.88	0.00%	990.92	2.91%	-990.04
4	海通证券股份有限公司成都人民西路证券营业部	2.64	0.01%	358.54	1.05%	-355.89
5	兴业证券股份有限公司上海天钥桥路证券营业部	124.54	0.37%	328.48	0.96%	-203.94
	买入前5名与卖出前5名总合计：	3912.74	11.48%	5159.31	15.14%	-1246.57

图 2-6　中矿资源成交回报（2015 年 5 月 19 日）

　　如图 2-6 所示，再之后一个交易日的成交回报显示，前日买入的主力资金光大证券股份有限公司长沙人民中路证券营业部和南京证券股份有限公司广州体育西路证券营业部，当日都卖出了超过 1000 万元的股票。也就是将前日买入的股票全部卖出。

　　根据这样连续的成交汇报就能看出，以上几家主力机构持股周期都只有一个交易日，属于典型的短线主力。

第二节　主力的普遍特征

主力之所以被称为主力，并不仅仅是因为他们资金量巨大，还因为他们有灵通的消息渠道、专业化的运作方式等众多特点。具体来说，市场上几乎所有主力机构都具备以下几个普遍的特征。

一、资金量巨大

主力的资金量都很大，大到足够影响某一只股票的走向。这也是主力的一项硬性指标。从目前情况看，要想影响到股价走向，主力需要的资金量至少需要千万级别以上。

二、消息灵通

主力拥有灵通的消息渠道。他们能够通过自己安插在上市公司和市场一线的调研员，第一时间了解到各种利好或者利空消息，并根据这些消息做出操盘计划。

湖北广电日 K 线如图 2-7 所示。

如图 2-7 所示，2015 年 2 月 13 日，湖北广电（000665）发布公告称，工信部同意公司开展基于有线电视网的互联网接入等业务。在这个利好消息公布之前一个交易日，该股就已经放量涨停。这是市场主力已经提前知道了利好消息，正赶在消息公布前急速拉高建仓的信号。

主力拉高建仓会快速积聚市场人气，同时受到利好消息刺激，该股股价在随后的时间里快速上涨。主力顺势完成了建仓后的拉升过程。

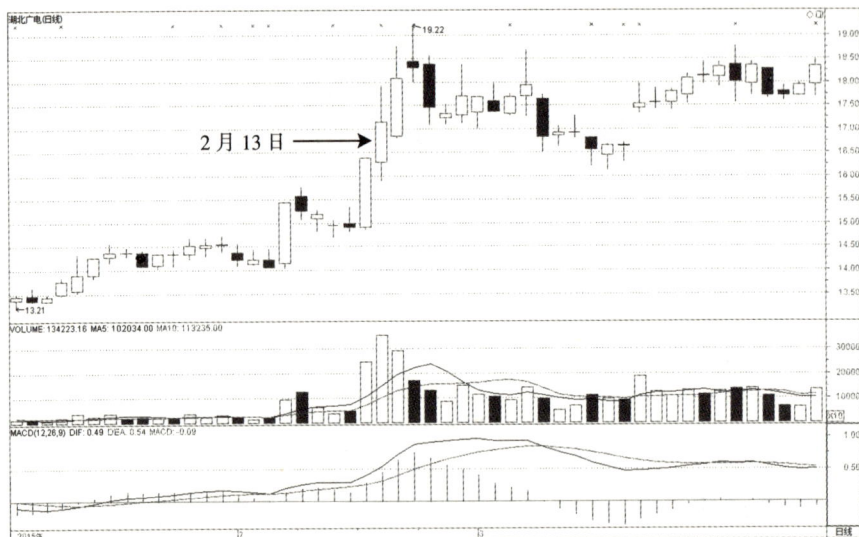

图 2-7　湖北广电日 K 线

三、专业化操作

主力很少是单打独斗的，都有专业人员和团队负责运作，有专人调研，有专人操盘，有专人对外公关，有专人管理资金。这些在各自方面有专长的人员共同组成了一个有效率的整体。

四、影响股价涨跌

主力握有大量资金的目的是要有意识地影响股价的涨跌。在自己建仓时，防止股价过高抬高建仓成本；买入后，让股价持续上涨获得利润空间；卖出时，防止股价快速下跌减少利润。

五、诱骗散户买卖

主力操作时，会充分调动散户的买卖情绪，利用散户的资金来抬拉或者打压股价。他们要想有效操纵股价发展，诱骗散户是非常重要的一步。例如主力想要拉升时，会先用自有资金快速向上拉升，调动

市场上散户的做多热情。散户的热情被调动起来后，就会纷纷追高买入股票，帮助主力完成拉升的过程。

相反，如果主力想要打压股价，就会先将手中的股票大量抛出，在市场上制造恐慌气氛。散户陷入恐慌后，也会跟随主力一起抛出自己的股票。这时主力就实现了打压洗盘的目标。

全志科技分时走势如图 2-8 所示。

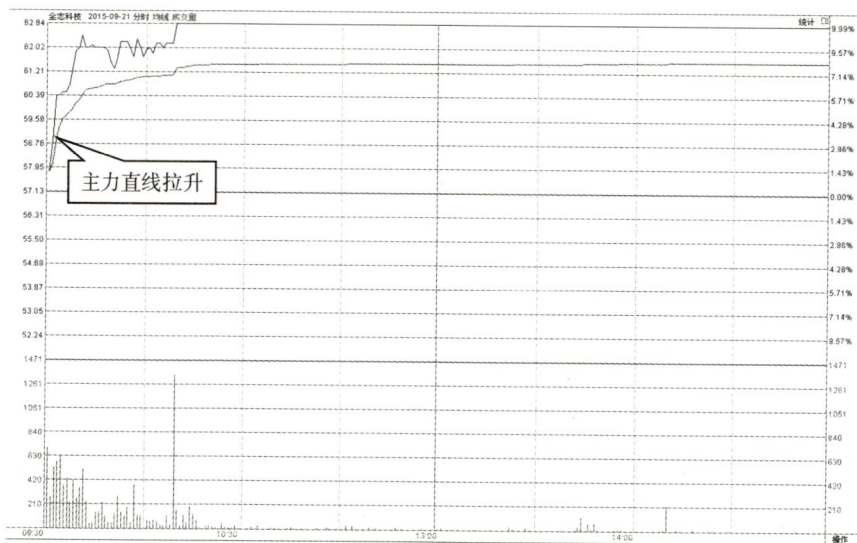

图 2-8　全志科技分时走势

如图 2-8 所示，2015 年 9 月 21 日，全志科技（300458）股价开盘后先是被直线向上拉升，涨幅达到 9% 以上。这明显是有主力在买入股票。通过这样的操作，市场上散户投资者的做多热情就会被调动起来，纷纷买入股票。

在随后的行情中，股价上涨的速度明显减慢，这都是散户的跟风买盘将股价持续向上推升。最终该股股价在这些买盘的推动下，被牢牢封在涨停板上。

第三节 主力操盘的基本流程

主力操盘的两个核心内容是低价建仓买入和高价出货卖出。为了实现这两个目标，主力会在买入前选择一个合适的操作品种，买入后将股价持续向上拉升。为了拉升顺利，主力还会在拉升开始前试探上方的阻力位和下方的支撑位，在拉升的过程中也会想办法洗清浮动筹码。因此，选股、建仓、试盘、拉升、洗盘、出货，就构成了主力操作一只股票的六大步骤。

一、选择优质股票

决定买入股票后，主力会对市场上所有股票进行严格的筛选，选出便于后续操作的股票。一般来说，为了低价买入和高价卖出两方面的考虑，主力选择股票时会倾向于找到那些即将进入上涨趋势，但目前还没有大幅上涨的股票买入。

山东路桥日 K 线如图 2-9 所示。

如图 2-9 所示，2013 年年底，我国领导人提出了建设"一带一路"的概念。随后很长时间里，国家每过一段时间就会推出关于促进"一带一路"建设的扶持政策。而"一带一路"板块的相关股票也就成为这段时间内市场上的热点。

作为"丝绸之路"概念股的龙头，山东路桥（000498）在每次新政策出现的时候，都会成为市场关注的龙头股，形成比较大的上涨幅度。在这个过程中，很多主力机构都反复炒作该股，推动该股价格持续上涨至高位。

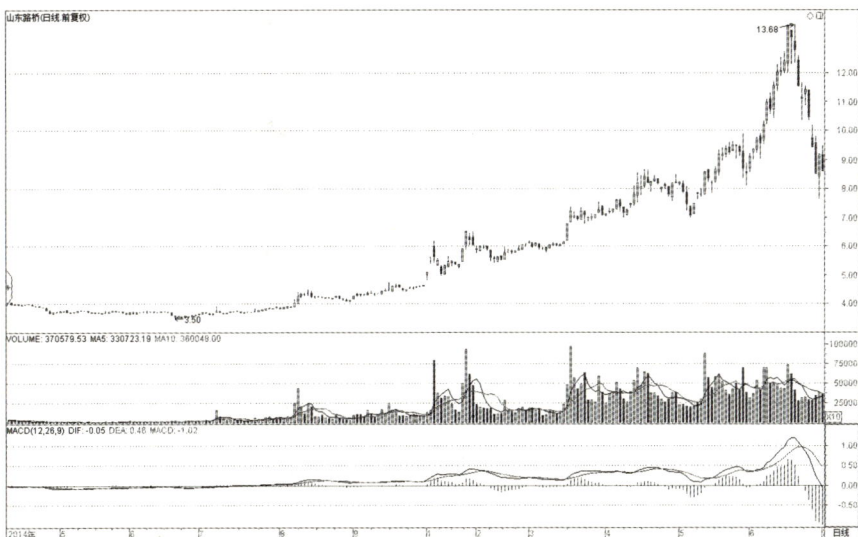

图 2-9　山东路桥日 K 线

二、低位建仓买入

　　主力建仓时，需要买入足够多的股票。为了实现这样的目标，主力就会在建仓的过程中想办法将股价向下打压，引发散户投资者的恐慌性抛盘，之后就可以在低价买入。

　　不过在实际操作过程中，打压建仓的手法也不绝对。有时候，建仓时间紧迫，主力为了在短期内买入足够多的股票，就不能再计较买入成本，而是需要用大买单向上扫盘，在持续上涨的过程中买入股票。

　　新疆城建日 K 线如图 2-10 所示。

　　如图 2-10 所示，自 2015 年 2 月起，新疆城建（600545）因为"一带一路"概念炒作成为市场上投资者普遍关注的重点。同时该股也有即将重组的传闻出现，于是就将股价持续向上拉升，在拉升的过程中逐渐买入股票。

　　最终主力完成建仓后，开始借助利好消息将股价以连续涨停的强势手法向上拉升。

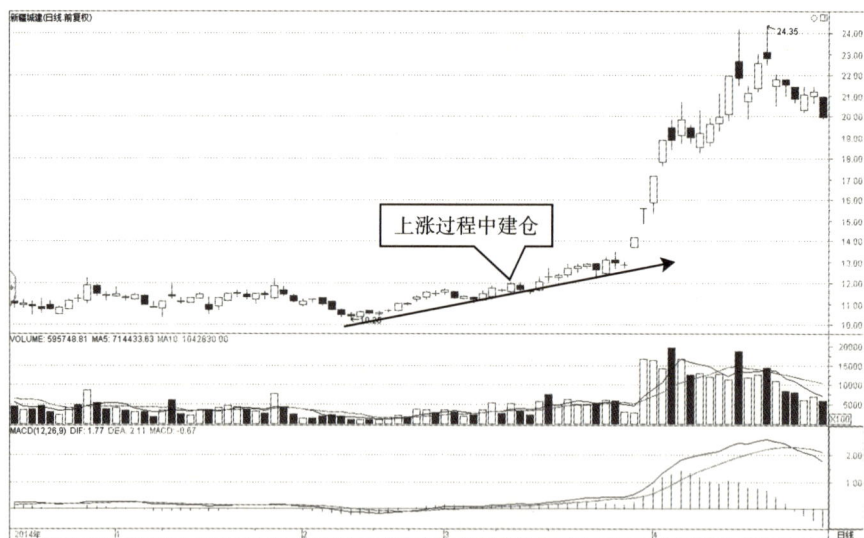

图 2-10　新疆城建日 K 线

三、试探阻力支撑

主力真正拉升股价之前，出于安全考虑，有时会先用试盘的方法测试上方抛售股票的压力。具体做法是在盘中迅速将股价向上拉升。看到股价上涨，想要在高位抛出股票的投资者就会逢高卖出股票，此时主力撤掉自己的买单，就可以试探出上方抛售股票的压力大小。

这种试盘方法在分时图上的表现为股价快速上涨后的缓慢回落，而在 K 线图上则会显示为一根带有长上影线的 K 线。

红宇新材分时走势如图 2-11 所示。

如图 2-11 所示，2015 年 11 月 13 日，红宇新材（300345）的主力快速将股价向上拉升进行试盘操作。通过试盘后主力发现，即使撤掉自己的买单，股价仍能够在高位持续横盘整理。这样的形态坚定了主力拉升股价的决心。随后几个交易日，该股股价被主力强势向上拉升。

有时候，主力也需要试探下方支撑位的强弱，估计市场能够承接

图 2-11 红宇新材分时走势

多大规模的抛盘，为抛售股价打压做准备。

主力测试下方支撑位的具体方法与测试上方阻力位相反。在盘中，通过短时间内大量抛出，迅速向下打压股价。看到股价下跌，想要抄底买入股票的投资者就会买入，对股价形成支撑。此时主力撤掉自己抛盘，就可以试探出这些买盘的支撑力量强弱。

这种试盘方法在分时图上的表现为股价快速下跌后的缓慢上涨，而在 K 线图上则会显示为一根带有长下影线的 K 线。

陕西金叶分时走势如图 2-12 所示。

如图 2-12 所示，2015 年 5 月 29 日，陕西金叶（000812）主力在盘中多次向下打压股价进行试盘。每次主力打压股价至低位后，市场上都会有大量买盘出现，将股价快速向上推升。

通过这样的走势形态，主力发现该股下方的支撑位较强，继续打压股价下跌的空间已经比较有限。因此这个交易日之后，主力开始将股价持续向上拉升。

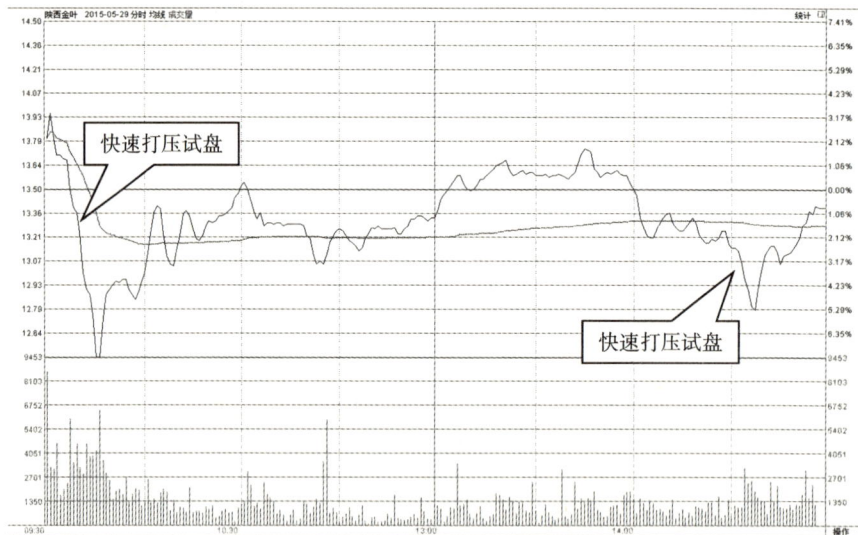

图 2-12　陕西金叶分时走势

四、向上抬拉股价

拉升是主力将股价推升至高位，为自己的底仓创造盈利空间的过程。在拉升过程中，主力不仅要动用自有资金买入，将股价向上抬拉，还要寻找机会吸引市场上的跟风买盘，让市场上的其他投资者帮助自己买入股票。

为了充分调动散户投资者的看多热情，主力在拉升的过程中会进行各种诱多操作。这样做一方面可以减轻股价上涨遇到的压力，另一方面也可以带来更多投资者买入股票。一旦投资者的做多热情被调动起来，主力即使自己不买入股票，股价也会在其他投资者的推动下持续上涨。

商赢环球日 K 线如图 2-13 所示。

如图 2-13 所示，2015 年 5 月 19 日，商赢环球（600146）股价被主力资金强势向上拉升，形成一根巨大的阳线，当日成交量大幅放大，并且突破前期横盘整理区间。看到这样的强势阳线，市场上散户投资

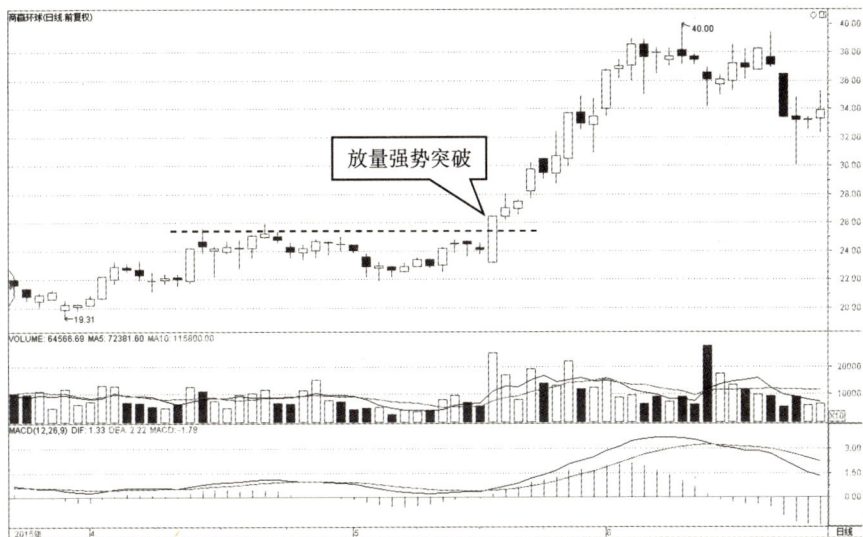

图 2-13 商赢环球日 K 线

者的看多热情被调动起来。此后股价开始在散户投资者的自发买入下持续上涨。

可以看到，在 5 月 19 日强势上涨之后，该股股价虽然持续上涨，不过每日上涨的幅度并不大。这就是散户一致看多，正在推动股价上涨的信号。

五、洗清浮动筹码

主力将股价拉升至高位后，市场上获利的散户增加。这些获利散户已经获利幅度很大，会有卖出股票的倾向。一旦他们抛出，就会对股价上涨形成压力，使主力的操盘计划陷入被动局面。

为了避免这些意外抛盘的影响。主力每次向上拉升股价一段时间后，就会在自己设计好的价位区间内打压股价，引发散户恐慌，让已经持股意志不坚定的散户抛出股票。这样他们就不会对股价形成意料外的压力。

西部建设日 K 线如图 2-14 所示。

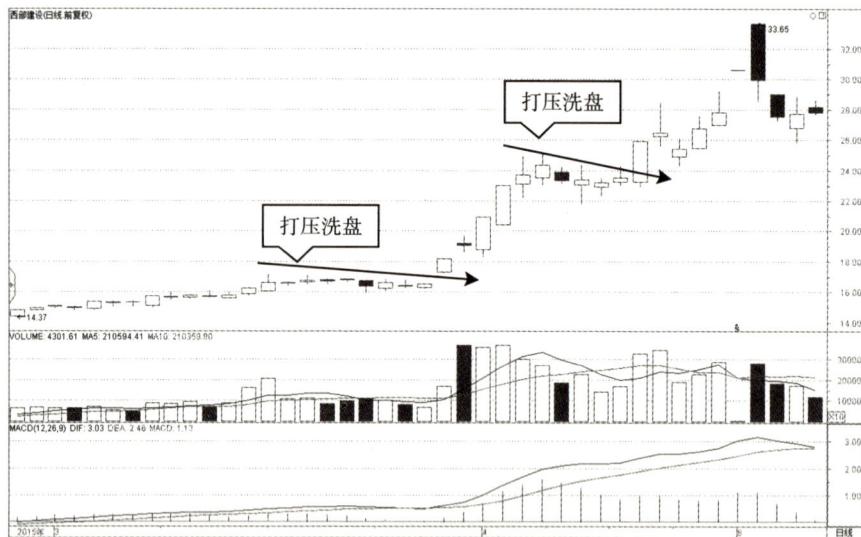

图 2-14　西部建设日 K 线

如图 2-14 所示，2015 年 3~4 月，西部建设（002302）在持续上涨的过程中，每上涨一段时间，主力认为市场上已经积累了很多获利盘后，就会将股价向下打压，使持股意愿不强的投资者卖出股票。

当股价在高位回落一段时间后，股票在散户之间充分换手，散户的持股成本就会被向上抬高。未来股价继续上涨时，这些新进入的散户投资者不会抛出股票。股价上涨的阻力会大大减弱。

六、高位出货卖出

经过前期买入建仓、向上拉升等操作后，出货是整个主力操作过程的最后一步，将已经获利的筹码以尽量高的价格抛出，也就是出货。

主力出货时，为了将手中的股票尽量卖出高价，会尽量诱惑散户投资者追高买入股票，也就是进行诱多的操作。随着市场上的散户投资者汹涌追高买入，主力就可以顺势将自己手中的股票全部抛售给散户，完成高位出货的操作。

兰州黄河日 K 线如图 2-15 所示。

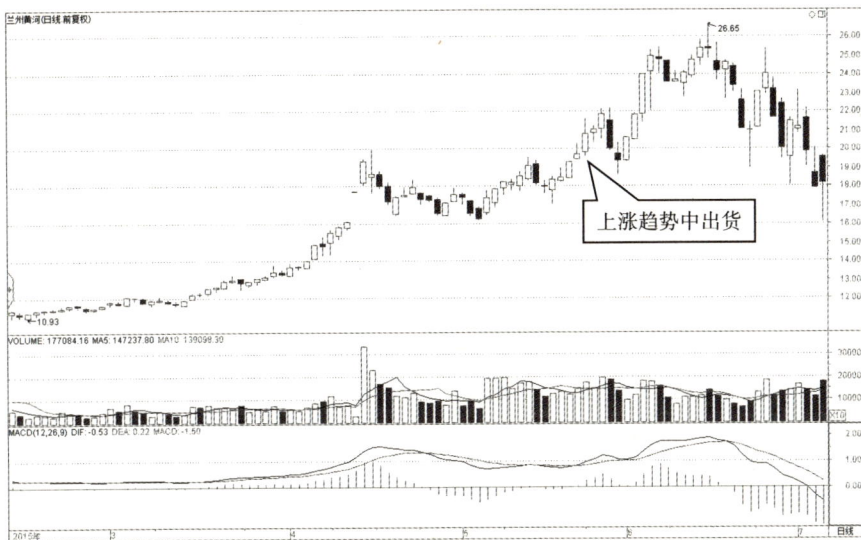

图 2-15　兰州黄河日 K 线

如图 2-15 所示，2015 年 5~6 月，兰州黄河（000929）经过高位横盘整理后，重新进入了上涨趋势中。在这轮上涨趋势中，很多散户投资者追高买入股票，而主力则趁上涨趋势抛出了自己的股票。在上涨过程中该股的换手率持续处于 10% 左右。这就是主力正在抛出股票的标志。

第三章　主力常用的盘口骗术

第一章里，我们讲到了分时图的基本构造和分析方法。我们这里讲的所有内容主力也都知道。所以他们在盘中为了达到自己的目标，会操纵盘口形成一些看涨形态，来诱骗散户买入股票，也会操纵盘口形成一些看跌形态，来诱骗散户卖出股票。

这一章，我们就讲解一些主力在诱多或者诱空时常用的盘口形态。当我们日常看盘的过程中发现这些形态时，就应该提高警惕了，不要轻易落入主力布置的陷阱里。

第一节　分时图骗术

分时图是我们每个交易日看盘的核心图形。主力也非常善于利用分时图来布置诱多或者诱空的陷阱。通过短时间内大量买入或者卖出股票，主力可以在分时图中制造追涨杀跌的气氛，诱使散户按照主力的意图操作股票。

一、突然拉升

主力通过在盘中短时间内集中买入股票，可以让股价快速上涨多个价位，形成分时图直线上涨的走势。这样的走势能够充分调动市场上散户投资者的买入热情，吸引大量散户跟风买入股票。等散户跟风买入后，主力就可以借机进行自己拉升或者最后出货的操作。

因为市场上的散户投资者很少会统一在某个时间点集中买入股票，因此我们如果看到股价在几分钟内被大量买单快速向上拉升，形成直线上涨的形态，就基本可以确定这是主力资金在集中力量进行操作。

园城黄金分时走势如图 3-1 所示。

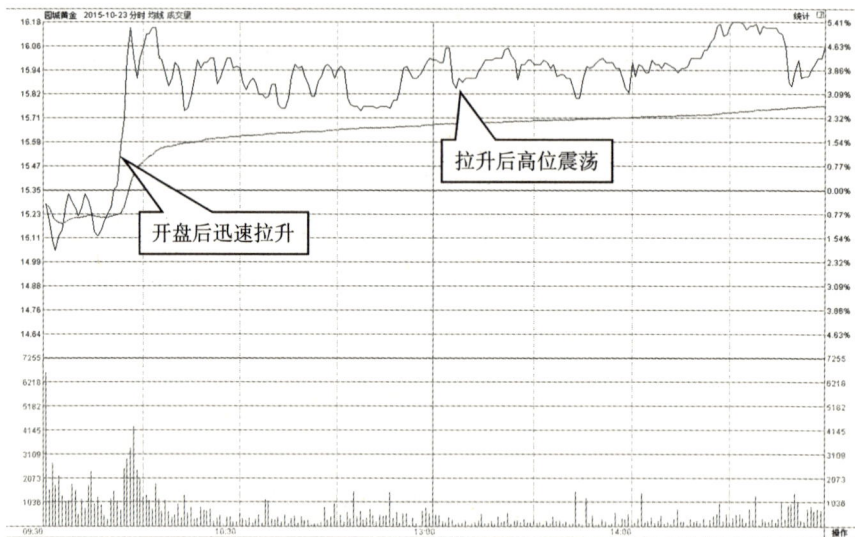

图 3-1　园城黄金分时走势

如图 3-1 所示，2015 年 10 月 23 日上午，园城黄金（600766）股价在上午被直线拉升至很高的位置上。这明显是有主力资金在集中力量拉升股价。通过这样的操作，主力可以调动散户投资者的买入热情。

当日随后的行情中，虽然有很多散户跟风买入，不过该股并没能持续上涨，而是在高位持续横盘整理。这说明主力利用这些跟风进入的买盘，在高位抛出股票进行出货操作。

天地源分时走势如图 3-2 所示。

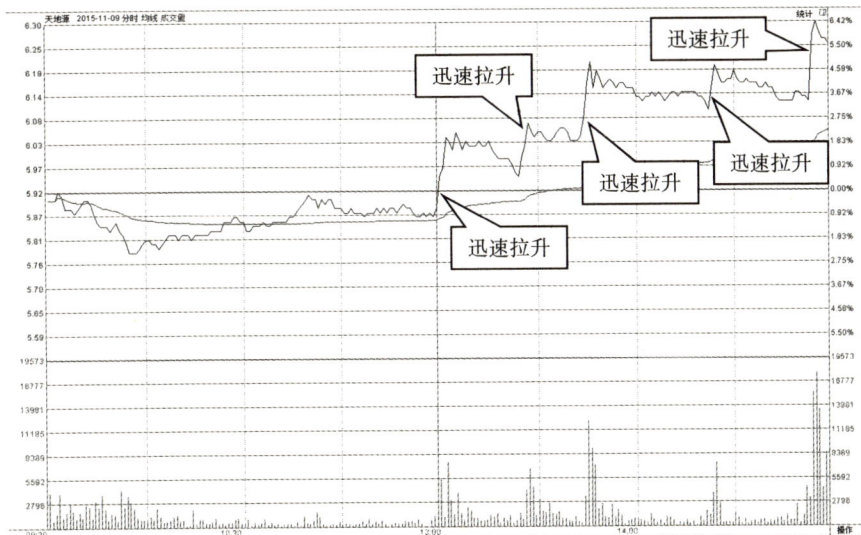

图 3-2 天地源分时走势

如图 3-2 所示，2015 年 11 月 9 日下午，天地源（600665）股价多次被直线向上拉升。这样的形态说明主力资金在盘中每隔一段时间就将股价向上拉升。通过这样的拉升走势，主力希望将股价拉升至更高的位置，从而调动散户投资者的买入热情，为自己之后的拉升做铺垫。

二、突然打压

有时候，主力会将手中持有的股票在短时间内大量抛出，将股价迅速向下打压多个价位，在分时图中形成直线下跌的走势。这种下跌的走势会在市场上制造恐慌气氛，造成大量散户投资者看空后市而抛出股票。因此当主力在建仓或者洗盘，希望进行诱空操作时，经常会使用这样的诱空手法。

因为市场上的散户投资者很少会在某个时刻集体看空后市抛出股票。因此，如果在盘中发现股价短时间内被大量卖单打压，持续下跌，就基本上可以确定这是主力资金在进行诱空操作。

宁波建工分时走势如图 3-3 所示。

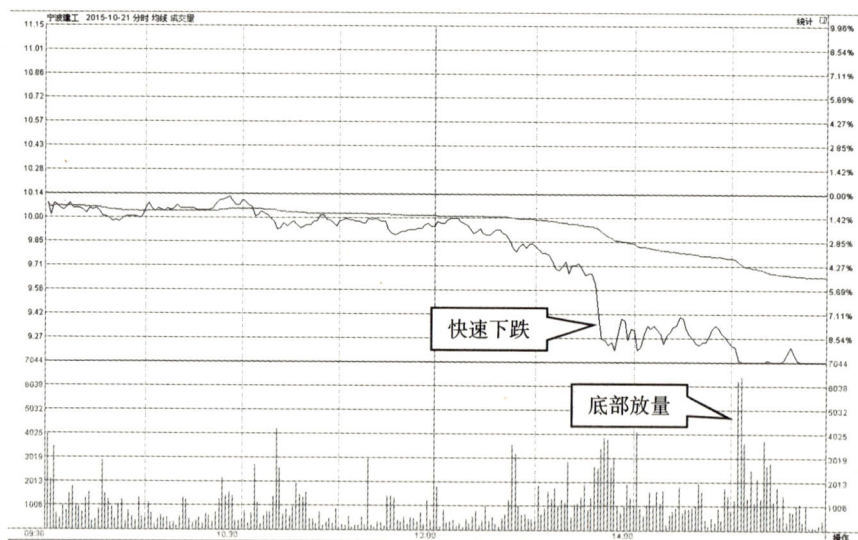

图 3-3　宁波建工分时走势

如图 3-3 所示，2015 年 10 月 21 日下午，宁波建工（601789）股价在盘中被迅速向下打压。这明显是有主力资金在进行诱空操作。看到这样的形态后，很多散户投资者陷入恐慌，纷纷抛出了手中的股票，股价也持续下跌。

当该股股价下跌至跌停板上时，成交量大幅放大。这说明主力经过成功的诱空后，正在底部大量建仓买入股票。不仅将之前打压时抛出的股票买回，还巩固自己的仓位水平。

东方精工分时走势如图 3-4 所示。

如图 3-4 所示，2015 年 9 月 25 日上午 10：30 左右，东方精工（002611）股价反弹至分时均线附近遇到阻力，在连续大卖单的压力下持续下跌。这明显是有主力在打压股价诱空。这样的打压让投资者失去了对未来行情的信息，纷纷抛出股票。当日股价也持续在低位横盘整理。

如果结合当日 K 线图可以发现，此时该股正处于持续的上涨行情中。主力此时打压诱空是担心市场上获利筹码太多，在进行有意识的

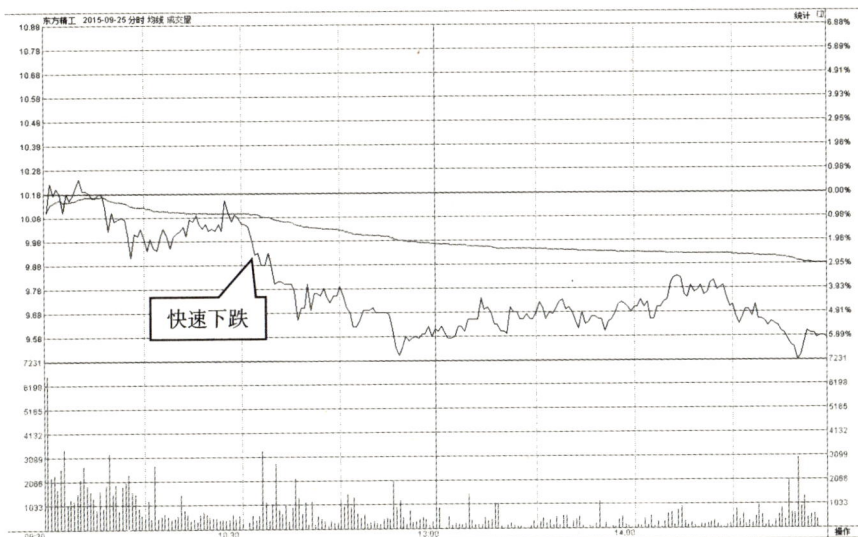

图3-4　东方精工分时走势

洗盘操作。

三、单针探顶

主力真正开始拉升股价前，有可能会试探上方的阻力位置。具体方法是先快速将股价向上拉升，然后撤掉自己的买入委托点。这种快速拉升后任股价自由回落的手法会在分时图上形成一个单针探顶的形态。

如果探顶结束后，股价没有回落或者回落得非常缓慢，就说明上方的抛盘压力并不大。这时主力很快就会开展随后的拉升计划。

兄弟科技分时走势1如图3-5所示。

如图3-5所示，2015年10月13日，兄弟科技（002562）股价开盘后就被主力资金迅速向上拉升，试探上方的压力位强弱。随后的行情中，虽然主力撤掉了自己的买单，但是股价回落的速度很慢。这说明上方的抛盘压力比较小。这样的情况下，未来主力很快就会开始拉升行情。

图 3-5　兄弟科技分时走势 1

实际上在当日尾盘阶段，股价已经开始被主力向上拉升。这是拉升行情已经开始的标志。

如果主力拉高探顶后，股价回落的速度很快，分时图上形成一个尖顶的形态，就说明上方的抛盘压力巨大。这时主力往往不会急于向上拉升股价，而是会在拉升开始前先操纵股价持续横盘整理。

兄弟科技分时走势 2 如图 3-6 所示。

如图 3-6 所示，在上一个案例的试探之前，也就是 9 月 22 日，兄弟科技的主力已经在盘中快速拉升股价试探。股价在上午和下午各有一次被快速拉升至高位后，但都很快就开始下跌走势。这说明上方的抛盘压力巨大。看到这样的形态后，主力并没有急于马上开始拉升计划，而是操纵股价持续横盘整理，稳固筹码。

直到上个案例中的 10 月 13 日，主力经过试盘确定上方抛盘压力减弱后，才开始向上拉升股价。

图 3-6　兄弟科技分时走势 2

四、单针探底

当主力想要试探当前股价下方支撑力量强弱时，也会在盘中集中抛出大量股票，将股价快速向下打压。等股价下跌至低位后，主力会撤掉自己的卖单，让行情自由回升。

看到股价下跌后，如股价持续在低位横盘整理，甚至继续下跌。就说明此时市场上的筹码不稳固，有很多投资者看空后市行情。这样的情况下，主力不会急于拉升股价，而是会操纵股价横盘整理，或者继续将股价向下打压进行稳固筹码的操作。

东信和平分时走势 1 如图 3-7 所示。

如图 3-7 所示，2015 年 11 月 27 日下午，东信和平（002017）股价下跌过程中，突然被主力集中向下打压。这种打压行情引发了投资者的恐慌。当日收盘前，股价持续在底部震荡，并且创出新低。看到这样的形态，主力了解到市场上投资者持股意愿并不强，于是就没有急于将股价向上拉升。而是在随后几个交易日中将该股持续向下打压

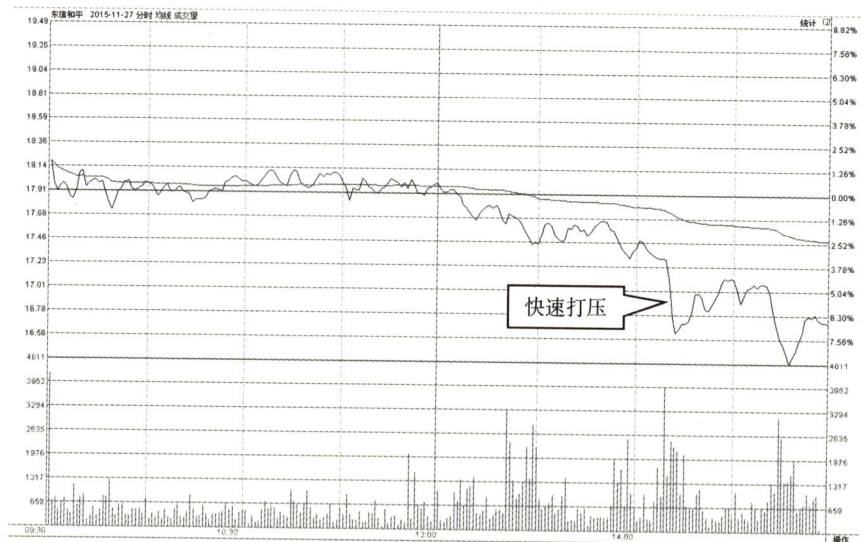

快速打压

图 3-7　东信和平分时走势 1

进一步巩固筹码。

如果股价被主力快速打压至底部后，很快就有抄底买盘进入，将股价持续向上拉升，则说明投资者此时已经开始普遍看好未来行情的发展。股价下跌不但没造成他们恐慌，还带来了大量投资者抄底买入。看到这样的形态后，主力就不会再打压股价，而是会尽快开始向上拉升的操作。

东信和平分时走势 2 如图 3-8 所示。

如图 3-8 所示，经过几个交易日打压后，12 月 2 日上午，东信和平的主力再次将股价向下打压，试探市场反应。经过这次打压行情后，股价很快就见底反弹，进入上涨趋势中。这说明此时市场上的散户已经普遍看好后市，主力继续打压股价洗盘的意义不大。于是，随后主力就开始了将股价持续向上拉升的操作。

图 3-8　东信和平分时走势 2

五、尾盘拉升

尾盘即收盘前半小时。这段时间是主力资金经常出没的时间段。

当主力需要股价在某个交易日大幅上涨时，如果早盘就拉升股价，必然会有很多获利盘涌出。主力需要在随后很长时间里，承接上方的大量抛盘。对于不想再大量买入股票的主力，这些抛盘压力会变成累赘。

为了将股价拉升至高位又不承接高位的大量抛盘，很多主力会使用拉尾盘的方法。也就是在一个交易日收盘前的最后半个小时里，将股价强势向上拉升。此时的走势已经接近尾端，即使股价在收盘前上涨至高位，散户也很难做出快速反应，主力也就不用承接太大的抛盘压力。

而表现在 K 线图上，这日则会是实打实的上涨大阳线，诱骗散户买入股票。这种大阳线表面上看十分强势，不过通过分析我们知道，市场并没有真正走强。投资者按照这个信号买入后，就会落入主力的诱多陷阱里。

春兴精工分时走势如图 3-9 所示。

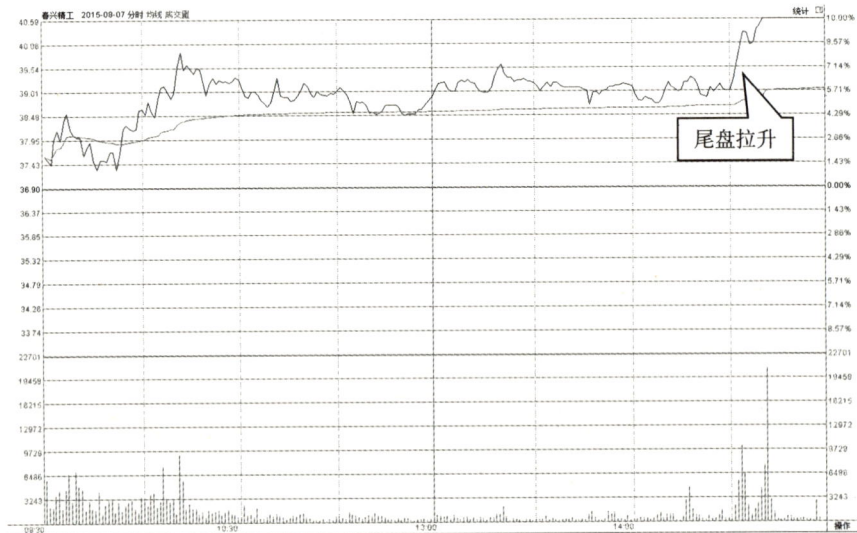

图 3-9　春兴精工分时走势

如图 3-9 所示，2015 年 8 月 7 日，春兴精工（002547）股价收盘前半小时才被快速向上拉升，直到涨停板。这时股价涨停，主力并不用在高位承接太多抛盘，就可以在 K 线图上制造一根上涨的大阳线。

如果观察此时该股的 K 线图可以发现，这时股价已经在高位持续横盘整理。主力使用这样的手法很可能是为了诱多出货。因为要出货，所以主力自然不愿意在高位买入太多筹码，于是使用了这种尾盘拉升的手法。

六、尾盘打压

如果股票价格在收盘前的半小时内快速下跌，同样非常有可能是主力在集中力量将股价向下打压。这样的情况下，主力的目标一方面是要将股价向下打压，造成很多散户对后市恐慌，纷纷卖出手中的股票；另一方面，自己却不愿抛出太多股票，损失掉手中的筹码。因此，主力使用这种打压手法时，往往是洗盘行情接近尾端，即将拉升前再做最后一次杀跌洗盘。

东软载波分时走势如图 3-10 所示。

图 3-10　东软载波分时走势

如图 3-10 所示，2015 年 11 月 3 日，东软载波（300183）在尾盘阶段被主力资金快速向下打压。这样的形态说明主力想要在市场上制造恐慌，又不愿抛出太多股票，很可能当日的下跌已经是主力的最后洗盘。

这之后一个交易日，股价开始上涨，并进入持续的上涨趋势中。

第二节　分时成交量骗术

主力在盘中除了会操纵行情走势形成诱多或者诱空信号外，还有采用自买自卖的手法，在盘中制造放量的形态。看到成交量放大，很多散户会误认为股票的买卖交易十分活跃，这就会落入主力布置的陷阱中。

一、突然放量上涨

当主力在盘中将股价快速向上拉升时，成交量往往会大幅放大。其中一部分成交量可能是主力买入了散户投资者卖出的筹码，另一部分则有可能是主力买入了自己事先设置在较高价位上的卖出筹码。

通过这样的自买自卖操作，主力手中的筹码不会发生变化，却能够在市场上制造股价正在被强势拉升的假象。看到这样的放量上涨形态后，很多投资者就会纷纷追高买入股票。

盈方微分时走势如图 3-11 所示。

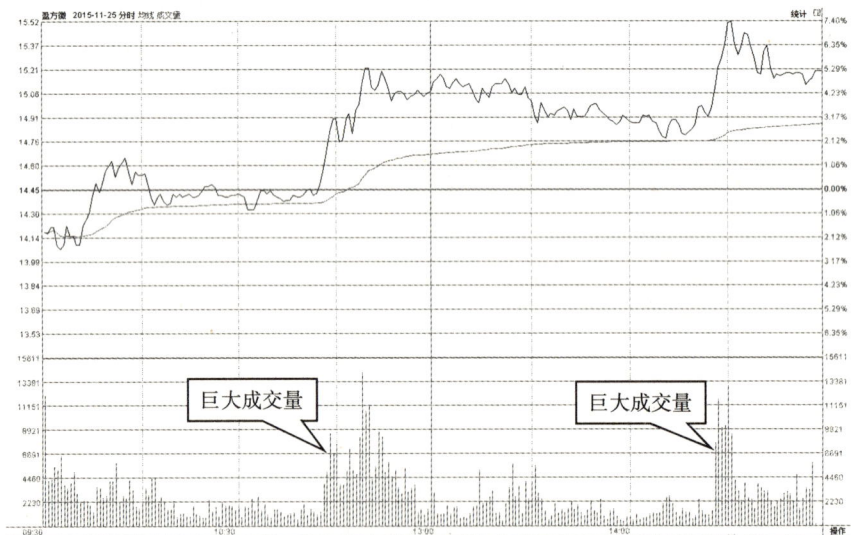

图 3-11 盈方微分时走势

如图 3-11 所示，2015 年 11 月 25 日，盈方微（000670）股价上涨过程中连续两次被快速拉高。拉高过程中成交量大幅放大。这种极度放大的成交量除了有很多散户在高位的抛盘外，其中必然会有一部分是主力自己的自买自卖交易。

通过自买自卖交易，主力制造了行情上涨十分强势的假象。很多投资者在看到这样的形态而买入股票。如果观察此时该股的 K 线图会发现，这时行情已经上涨至了高位，主力这样诱多的目的很可能是要在高位卖出股票出货。

二、突然放量杀跌

当主力打压股价进行诱空时，同样会在下方事先设定一些买盘，这样抛出股票时就会造成巨大的成交量水平。股价的放量下跌形态，会在市场上制造巨大恐慌，主力无论是诱空建仓还是诱空洗盘，他的目标都会更加容易实现。

成发科技分时走势如图 3-12 所示。

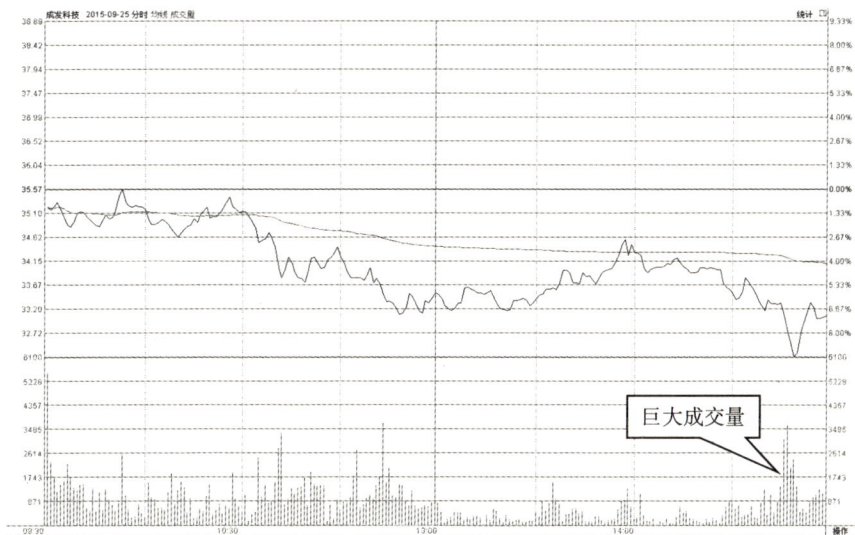

图 3-12 成发科技分时走势

如图 3-12 所示，2015 年 9 月 25 日，成发科技（600391）尾盘阶段快速下跌时，伴随了成交量的大幅放大。这是主力在打压过程中采用自买自卖手法造成的。主力这样做的目的是要在市场上制造巨大恐慌，实现自己洗盘的目标。

三、持续温和放量

主力在盘中持续将股价向上拉升时，会不断采用小笔的自买自卖交易，制造行情持续放量上涨的假象。在这样的情况下，股价会显示出稳固放量上涨的行情。很多投资者看到这样的形态后，都会积极买入股票，推动股票的价格持续上涨。这种在温和上涨中持续自买自卖，制造放量的形态，是主力在拉升股价诱多时常用的手法。

啤酒花分时走势如图 3-13 所示。

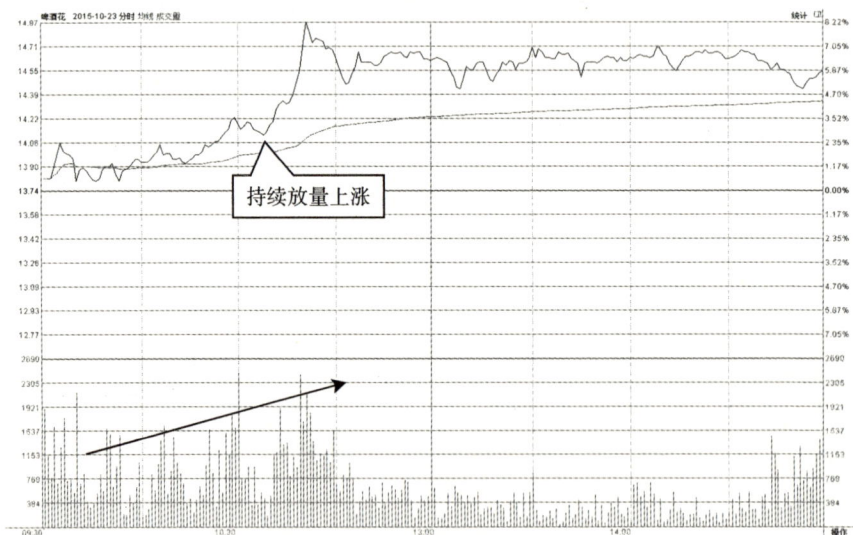

图 3-13　啤酒花分时走势

如图 3-13 所示，2015 年 10 月 23 日上午，啤酒花（600090）股价上涨过程中，主力不断使用自买自卖的手法将股价向上拉升，制造了放量上涨的形态。这样的形态充分调动起了市场上散户投资者的买入热情，股价在盘中的上涨速度越来越快。即使最终股价上涨至高位，主力不再买入后，股价也没有形成太大幅度的回落。

四、盘中间歇放量

很多主力拉升股价上涨的过程中，会每拉升一段时间就撤掉自己的买单，使股价自由调整，之后再继续拉升。这中间每次拉升都会放量，并且成交水平会高于前次拉升的过程。就算上方没有太多抛盘，主力也会自买自卖，制造更大的成交量。

看到这样的放量上涨形态，散户投资者就会坚定看好后市的决心，纷纷在上涨过程中追高买入股票。而主力则可以成功诱多，实现自己将股价拉升至高位的最终目标。

浙江富润分时走势如图 3-14 所示。

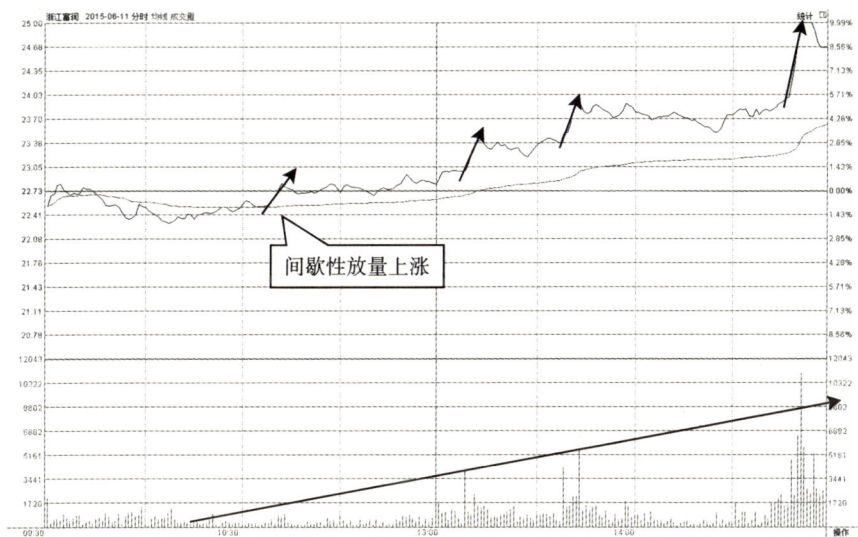

图 3-14　浙江富润分时走势

如图 3-14 所示，2015 年 6 月 11 日盘中，浙江富润（600070）行情上涨过程中，多次被间歇性地快速向上拉升。每次拉升时股价的上涨速度都很快，并且伴随着成交量的大幅放大。通过这样的形态，主力成功诱使散户普遍看好未来行情的发展，在盘中追高买入股票。

当日上涨过程中，该股的上涨速度越来越快，说明有越来越多的散户追高买入股票，帮助主力完成拉升行情。最后一次冲高时，股价甚至触碰到了涨停板价位。

第三节　五档买卖盘骗术

五档买卖盘口是主力操盘时会操作的另一个重点区域。通过在五档买卖盘口中挂上巨大买入单或者卖出单，主力即使不真的买入股票或者卖出股票，也可以在市场上起到震慑的作用，诱使散户按照主力的意图去买卖操作。

一、大买单支撑

当主力想要拉升股价上涨，又不愿买入太多股票时，就会在股票的买入盘口中挂上巨大买单。这些巨大买单不用真正成交。散户只要看到买单就会认为股价上涨动力充足，未来会持续上涨，因此会积极买入股票，将股价推升至很高的位置上。

实盘过程中分辨一个价位上的巨大挂单是主力的买单还是散户的买单难度比较大。有一个不太精确的方法是观察买单所处的位置。一般来说，散户挂单时倾向于在×.×0元、×.×5元这类整数价位上挂单。因此，如果整数价位上有巨大的买单，我们可以认为这是散户投资者的集中挂单；如果整数价位上没有挂单，而其他价位上有巨大买入委托单，则更有可能是主力资金的大笔挂单。

百利电气五档买卖盘口如图3-15所示。

600468 百利电气		
委比	49.15% 委差	1046
卖五	17.73	112
卖四	17.72	125
卖三	17.70	119
卖二	17.69	35
卖一	17.68	150
买一	17.65	25	-48
买二	17.64	327
买三	17.63	87
买四	17.62	19
买五	17.61	1129	-1

图 3-15 百利电气五档买卖盘口

如图 3-15 所示，2015 年 12 月 31 日盘中，百利电气（600468）买五 17.61 元位置上有一笔 1129 手的巨大买单。这种出现在不是整数价位上的巨大买单，很可能是主力为了提振市场信心挂上的。看到这样的买单，市场上的散户投资者会坚定看好未来行情的发展，纷纷买入股票。

二、大卖单打压

当主力想要在盘中将股价向下打压，又不愿买入太多股票时，就会选择在卖出价位上挂上巨大卖单。看到这样的卖单，很多散户投资者就会对未来行情能否上涨产生忧虑，倾向于抛出手中的股票，对股价的上涨形成阻力。

当我们在盘中看到股票的卖出价位上出现巨大卖单，并且这些卖单没有集中在某个整数价位上时，就很可能是主力在挂单对股价进行打压。

渝开发五档买卖盘口如图 3-16 所示。

如图 3-16 所示，2015 年 12 月 31 日盘中，渝开发（000514）五档买卖盘口的卖三 11.96 和卖五 11.98 位置分别出现了两笔巨大卖单。这两笔卖单很可能是主力挂出的委托单。看到上方巨大的卖单压力，

000514渝开发		
委比 -76.97% 委差		-5829
卖五	11.98	3937	
卖四	11.97	680	+79
卖三	11.96	1136	+7
卖二	11.95	548	+10
卖一	11.94	400	-5
买一	11.93↑	9	+9
买二	11.92	154	-79
买三	11.91	523	
买四	11.90	170	
买五	11.89	16	

图 3-16 渝开发五档买卖盘口

市场上的散户投资者就会对后市行情逐渐丧失信心，纷纷抛出手中的股票，对股价的上涨形成压力位。

三、上压下托

有时候，主力为了操纵股价在某个价位区间内持续横盘整理，会使用上压下托的手法。也就是在上方挂上巨大卖单，同时在下方挂上巨大买单。看到这样的形态，市场上散户投资者就会纷纷持观望态度。想要买入股票的投资者因为担心上方的压力，暂时不会买入；想要卖出股票的投资者因为看到下方的支撑，也暂时不会卖出。整个市场会在主力的操纵下进入一段交易清淡的横盘行情中。

嘉凯城五档买卖盘口如图 3-17 所示。

如图 3-17 所示，2015 年 12 月 31 日盘中，嘉凯城（000918）五档买卖盘口的买五 6.53 元位置有一笔超过 1000 手的巨大买单支撑，上方卖五 6.62 元位置则有一笔近 1000 手的巨大卖单，对股价形成阻力。这两笔巨大买单和卖单都很有可能是主力挂上的。

通过这样的盘口形态，市场上的散户投资者会纷纷对未来行情保持观望的态度，很少有人会在这时买入或者卖出股票。整个市场也就会进入缩量整理的走势中。

000918 嘉凯城			
委比	11.85% 委差		618
卖五	6.62	940	+9
卖四	6.61	280	
卖三	6.60	408	+18
卖二	6.59	457	
卖一	6.58	213	+11
买一	6.57	578	-21
买二	6.56	265	
买三	6.55	430	+4
买四	6.54	611	
买五	6.53	1032	

图 3-17　嘉凯城五档买卖盘口

第四节　成交明细骗术

在分时成交明细数据中，主力也可能会通过巨大的买单或者卖单来调动散户投资者的交易情绪，诱使散户按照自己的意图去买卖股票。

一、连续巨大买单

主力想要诱使散户投资者跟风买入时，会在短时间内使用连续多笔巨大买单将股票的价格快速向上拉升多个价位。受到这些巨大买单的鼓舞，市场上的散户投资者就会纷纷看好该股未来的发展，跟随主力一起买入股票。主力也就借机实现了诱多的目标。

大港股份分时成交明细如图 3-18 所示。

如图 3-18 所示，2015 年 12 月 31 日上午，大港股份（002077）分时成交明细中出现了连续多笔几千手的巨大买单，将该股股价在盘中迅速向上拉升。这说明主力资金在集中力量推动股价，进行诱多操作。

09:52	21.22	50	B	4
09:52	21.20	35	S	3
09:52	21.45	3671	B	137
09:52	21.46	40	B	6
09:52	21.46	138	B	8
09:53	21.45	492	S	34
09:53	21.47	182	B	9
09:53	21.48	3854	B	57
09:53	21.48	5640	B	204
09:53	21.48	1689	B	108
09:53	21.48	72	S	9
09:53	21.48	459	S	10

图 3-18　大港股份分时成交明细

结合走势图看，此时主力诱多的目的很可能是为了在高位出货。如果看到这样的信号跟风买入，很可能就会落入主力的陷阱中。

二、连续巨大卖单

当主力想要在市场上制造恐慌诱空时，会在短期内使用连续的巨大卖单，集中力量抛出大量股票。受到大量卖单的影响，市场上的散户投资者会纷纷陷入恐慌，卖出手中的股票。这时主力也就实现了自己诱空的目标。通过这样的诱空操作，主力往往是要在短期内在市场上制造看空气氛，达到自己洗盘的目标。

兴民钢圈分时成交明细如图 3-19 所示。

10:03	20.07	21	B	4
10:03	20.06	71	S	16
10:03	20.09	30	B	8
10:03	20.07	34	S	7
10:03	20.00	616	S	54
10:03	20.08	9	B	5
10:03	20.05	81	S	7

图 3-19　兴民钢圈分时成交明细

如图 3-19 所示，2015 年 12 月 31 日，兴民钢圈（002355）分时成交明细中出现了一笔巨大卖单，将股价快速向下打压。这样的巨大卖单会造成市场上的投资者普遍陷入恐慌。主力也就可以借此机会实现自己的洗盘目标。

三、间歇性巨大买单

有时候，为了逐渐在市场上培养起做多的气氛，主力会在盘中每隔一段时间就使用一笔巨大买单将股价向上拉升。受到这种间歇性巨大买单的影响，很多散户投资者就会跟随主力一起买入股票，帮助主力完成整个拉升的过程。

国电南瑞分时成交明细如图 3-20 所示。

10:19	17.18	189 B
10:19	17.20	2015 B
10:19	17.17	133 S
10:19	17.17	134 B
10:19	17.19	305 B
10:19	17.17	68 S
10:19	17.20	126 B
10:20	17.20	481 B
10:20	17.20	494 S
10:20	17.24	1013 B
10:20	17.18	28 S
10:20	17.19	33 B

10:21	17.19	392 B
10:21	17.19	254 B
10:21	17.18	479 S
10:21	17.19	1623 B
10:21	17.18	218 S
10:21	17.18	335 B
10:22	17.17	150 S
10:22	17.16	245 S
10:22	17.16	164 S

10:26	17.14	40
10:26	17.14	48 B
10:26	17.14	140 B
10:27	17.14	236 S
10:27	17.16	1163 B
10:27	17.15	533 S
10:27	17.16	29 B
10:27	17.17	871 B

10:28	17.17	294 S
10:28	17.18	185 B
10:28	17.17	31 S
10:28	17.20	2917 B
10:28	17.20	345 S
10:29	17.18	144 S
10:29	17.18	45 S
10:29	17.18	7 B

图 3-20 国电南瑞分时成交明细

如图 3-20 所示，2015 年 12 月 31 日上午，国电南瑞（600406）每隔几分钟就会被一笔巨大买单向上拉升。这种拉升股价上涨的大买单是主力在诱多拉升的典型标志。这样的形态可以逐渐培养起散户投资者的买入热情，纷纷买入股票，帮助主力一起将该股股价拉升至比较高的价位上。

四、间歇性巨大卖单

当主力建仓时，往往会在盘中每隔一段时间就抛出一部分股票，将股价向下打压。受到这种打压形态的影响，市场上的散户投资者会逐渐失去对未来走势的信心，纷纷抛出手中的股票，主力则可以借机在低价位上接盘买入，完成建仓的操作。

豫能控股分时走势如图 3-21 所示。

10:54	12.45	200	S	13	11:02	12.35	55		2
10:55	12.45	5	B	1	11:02	12.33	56	S	4
10:55	12.45	18	B	2	11:02	12.37	32	B	4
10:55	12.45	5	B	1	11:02	12.34	1	S	1
10:55	12.40	1012	S	83	11:02	12.31	1921	S	39
10:55	12.45	2	B	2	11:02	12.31	32	B	4
10:55	12.45	38	B	3	11:02	12.30	54	S	9
10:55	12.45	26	B	3	11:02	12.31	15	B	5
10:55	12.42	63	S	5	11:03	12.33	191	B	24
11:01	12.38	20	B	2	11:04	12.32	32	B	6
11:01	12.38	27	B	3	11:05	12.32	225	B	29
11:01	12.37	2223	S	81	11:05	12.32	2	B	1
11:01	12.36	50	B	3	11:05	12.32	14	B	2
11:01	12.38	146	B	6	11:05	12.34	176	B	6
11:01	12.37	13	B	4	11:05	12.25	1351	S	94
11:01	12.38	10	B	1	11:05	12.37	46	B	4
11:01	12.37	20	S	7	11:05	12.31	73	S	5
11:01	12.37	23	S	2	11:05	12.31	5	B	1

图 3-21　豫能控股分时走势

如图 3-21 所示，2015 年 12 月 31 日上午，豫能控股（002896）每隔几分钟就会被一笔巨大卖单向下打压。这样的形态会对市场上的散户投资者信心造成巨大打击。他们会纷纷抛出手中的股票。而借此机会，主力则可以实现自己在底部建仓买入的目标。

第四章　主力建仓阶段的盘口动向

主力和我们所有人一样，操作股票的第一步都要从买入开始。我们将主力买入股票的过程称为建仓。在建仓过程中，主力要以尽量低的成本买入大量股票，因此会采用各种方法来诱空，保证建仓计划的实施。主力诱空时，必然会在盘面上留下各种蛛丝马迹。借助这些蛛丝马迹，我们就能找到那些正在有主力建仓的股票，跟随主力一起买入。

第一节　主力建仓的目标

主力建仓的目标一是要买入股票，二是买入的成本不能太高。此外为了建仓后的拉升考虑，在建仓过程中又不能过分打压股价，并且要为随后的拉升行情做好铺垫。

一、买入足够多的股票

主力建仓时，需要买入足够多的股票。

这些股票中一部分是作为主力的底仓，也就是等待股价上涨至高位后抛出的仓位。这部分仓位是主力获利的基础。持有的这部分股票越多，主力的盈利幅度也就越大。如果主力坐庄的时间较长，这部分仓位往往会被抵押出去，换取更多资金来操盘。

主力买入股票的另一部分会用于操盘过程中进行辅助操作。主力操盘过程中，有时需要将股价向下打压进行诱空，而打压股票就需要抛售主力自己持有的这部分股票。主力持有的这部分股票数量会比较少，而且流动性很高，往往被抛出后，很快就会被继续补足，用于未来行情中继续抛售。

二、压低买入价格

主力建仓时，为了控制成本，会尽量将股价向下打压，在低价买入。这样就可以用有限的资金购入更多股票。一方面获得更多利润，另一方面也方便未来的操作。

为了在低位买入股票，主力建仓时会使用各种各样的手法来诱惑投资者抛出股票，也就是进行诱空的操作。如果散户投资者落入主力的诱空陷阱，纷纷在主力建仓的时间段就抛出了股票，会踏空未来股价被主力持续拉升的行情，相当于变相损失了收益。

有些时候，低价买入的目标与买入足够多股票的目标是相矛盾的。例如当股票发生利好消息后，主力需要在短时间内建仓时，因为投资者普遍看好后市，如果想要买入足够多的股票，主力就不能计较买入成本，而是需要用大买单向上扫盘，在持续上涨的过程中买入股票。

三、为拉升行情做铺垫

主力建仓的过程中，一方面要压低股价，降低建仓成本，另一方面主力也会考虑到之后拉升的过程，不会将股价打压到太低的位置。为此，主力建仓到尾端时，往往会将股价向上拉升。在拉升过程中买入股票，在继续巩固筹码的同时，也让市场上散户投资者的持股信心逐渐恢复，便于之后开展拉升的计划。

第二节　分时图识别主力建仓信号

主力建仓时，会使用各种方法来诱多。这些诱多手法会在盘中走势上留下一些痕迹。通过这些痕迹，我们就能找到那些有主力建仓的股票，并跟随主力一起买入。

一、打压建仓的分时信号

打压式建仓是主力建仓时常规的一种建仓手法。这种方法在整个市场走弱或者投资者持股信心不足时会经常被用到。具体的盘面表现为主力在盘中将股价持续向下打压，不断跌破下方支撑位，让投资者对未来股价能上涨彻底丧失信心，不愿再持有股票，进而在低位抛出。主力则在低位买入这些抛盘，最终完成建仓。

东方海洋分时走势如图 4-1 所示。

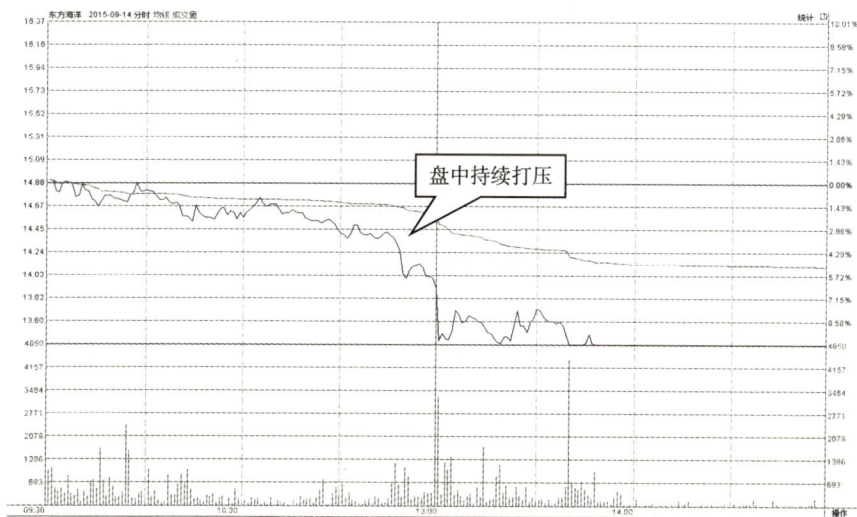

图 4-1　东方海洋分时走势

如图 4-1 所示，2015 年 9 月 14 日盘中，东方海洋（002086）主力将股价持续向下打压。这样的打压行情会造成市场上的投资者普遍恐慌，卖出手中的股票，而主力就可以在低位买入，完成建仓操作。

当股价持续下跌至跌停的位置后，其成交量大幅放大。这就是主力资金在底部区域大量买入股票建仓的标志。

二、拉高建仓的分时信号

在牛市行情中，市场上的散户投资者对后市普遍抱有乐观态度，主力再将股价向下打压已经很难达成诱空的目标。为此，部分主力为了买入股票就会反其道而行，将股价持续向上拉升。在股价上涨的过程中，投资者手中持股的盈利不断增加，就会有投资者认为达到自己的盈利预期，抛出股票，而主力就可以接入他们的抛盘完成建仓。

达实智能分时走势如图 4-2 所示。

图 4-2　达实智能分时走势

如图 4-2 所示，2015 年 12 月 4 日盘中，达实智能（002421）股价在盘中持续上涨，并且上涨过程中的震荡幅度较大，且成交量持续

放大。这是主力在上涨行情中持续买入股票的信号。主力不断通过短暂的打压使投资者卖出股票，之后再向上买入拉升，争取在盘中买入足够多的股票。

12月4日是周五。两天后，也就是周日晚间，达实智能发布公告称签订了一笔大合同，将给公司带来巨大盈利。此时再看周五的行情，明显这是主力提前知道了利好消息，在盘中买入股票导致的。

三、拉锯建仓的分时信号

有时候主力建仓时会将打压和拉高的手法结合起来。先将股价持续向下打压，让散户投资者对未来行情失去信心，纷纷抛出股票。随后再将股价向上拉升，刚刚被套牢的散户投资者获得解套，也会抓紧时间卖出股票。主力在这样的波动过程中就可以完成买股建仓的目标。

如果一次这种波动无法取得好效果，主力则会操纵股价在盘中反复上涨后又回落，大幅震荡，形成拉锯式的行情。在这样反复波动的过程中，投资者多次看到刚刚到手的收益又都失去，即使持股意愿最强的投资者也无法承受这种利润的反复，会逐渐被耗尽信心，纷纷抛出手中的股票，主力就可以买入股票建仓。

哈尔斯分时走势如图4-3所示。

如图4-3所示，2015年9月18日，哈尔斯（002615）股价在盘中反复震荡，多次被打压至低位后又被拉升至高位。在这样的波动行情中，很多投资者都会失去继续持股的耐心，纷纷抛出股票，而主力自己则可以实现建仓买入的目标。

值得注意的是，虽然当日盘中股价反复波动，不过收盘时的跌幅并不大，不会造成K线图的趋势形态变坏。

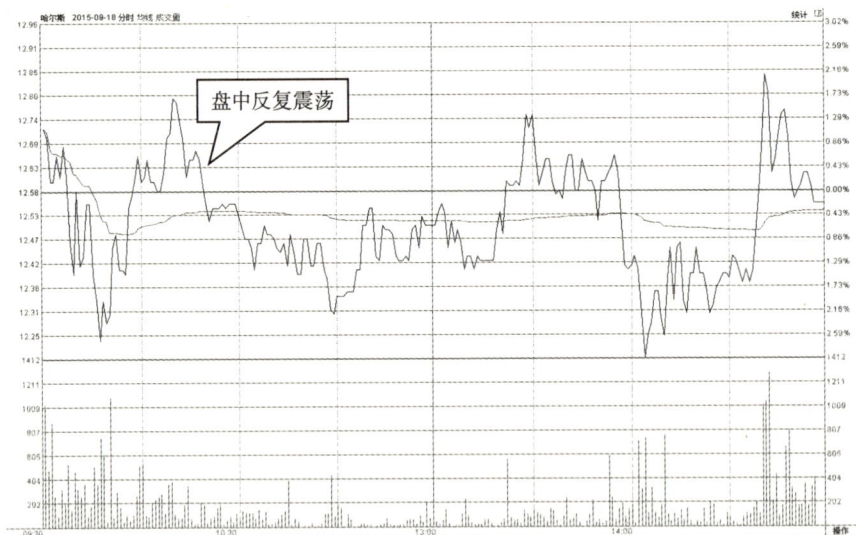

盘中反复震荡

图 4-3 哈尔斯分时走势

四、横盘建仓的分时信号

主力建仓时，可能会操纵股价进入一段上有阻力、下有支撑的横盘整理行情。在这段行情中，股价每次上升到上方阻力位时都会遇到阻力下跌，而回落到下方支撑位时就会获得支撑上涨。

这样的建仓方法经常被应用在整个市场普遍上涨的行情中。当整个市场普遍持续上涨时，如果投资者自己持有的股票一直不能上涨，而是长时间横盘整理，就会逐渐对未来股价上涨失去信心。随后一旦投资者信心耗尽，就会抛出自己持有的股票，转而买入其他股票。此时主力就可以借机完成建仓。

林海股份分时走势如图 4-4 所示。

如图 4-4 所示，2015 年 1 月 15 日，林海股份（600099）开盘后与大盘持续上涨。不过经过高位的横盘整理后，下午整个大盘持续上涨，而该股的股价却继续横盘整理。

看到整个市场都大幅上涨，只有自己手中的股票不涨，这些持有

图4-4　林海股份分时走势

林海股份的投资者就会逐渐失去持股耐心，纷纷抛出这只股票转而买入其他股票。主力则可以借机在底部区域内完成买股建仓的操作。

五、反弹建仓的分时信号

前边我们讲过打压建仓的操盘手法。主力持续打压股价，让很多投资者对未来失去信心，纷纷抛出股票，主力就可以完成建仓。

不过主力建仓时并不会持续打压股价。一方面，随着股价持续下跌，市场上持股的投资者会被越套越深。这些深度套牢的投资者会逐渐失去卖出的意愿，甚至不愿看盘。主力能够在底部买入的股票也就越来越少。另一方面，主力建仓时也要为随后的拉升行情考虑。如果只是持续打压，使投资者都陷入悲观情绪，那么未来拉升行情时就会非常吃力。

基于以上两点考虑，很多主力打压股价深度下跌后，往往会短暂将股价快速向上拉升，形成反弹行情。经过这样的快速拉升行情，原本深度套牢，已经对走势麻木的投资者会重新关注该股走向。随后当反弹行情受阻，再次下跌时，这些投资者看到刚刚获得的收益即将失去，就会抛出手中的股票，而主力则可以借机完成建仓的操作。

陆家嘴分时走势如图 4-5 所示。

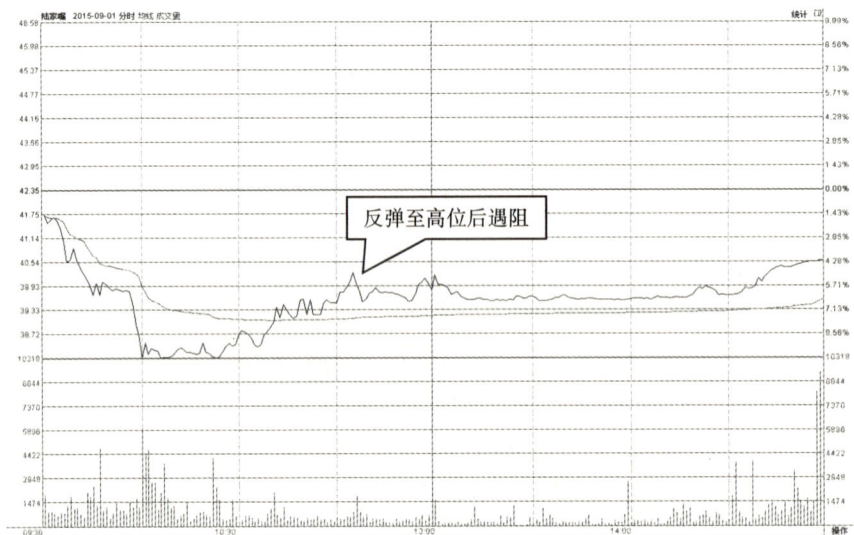

图 4-5　陆家嘴分时走势

如图 4-5 所示，2015 年 9 月 1 日，陆家嘴（600663）开盘后就被主力持续向下打压。此时行情已经连续下跌很长时间，市场上投资者普遍处于深度套牢的状态。主力这样打压股价很难买到足够筹码。

于是当日股价下跌至底部后，主力就开始买入股票，将股价向上拉升反弹。下午开盘后，股价结束了反弹走势，开始持续横盘整理，表现出了反弹遇阻的形态。此时刚刚获得一定利润的散户投资者害怕失去这样的反弹收益，于是纷纷抛出股票，而主力则实现了买入股票建仓的目标。

第三节 主力建仓的其他信号

捕捉主力操盘动向是一件难度很高的工作。即使很多有经验的投资者也会判断出现偏差，导致交易失败。如果能够将分时形态与K线、成交量等其他因素结合起来综合判断，则能够大大增强我们判断的准确度，从而可以实现游刃有余的交易。

一、K线走势信号

主力建仓时，其目的是要诱骗散户投资者抛出股票。因此在K线形态上会以看跌的K线形态为主。

在打压建仓的过程中，主力会打压股价持续阴跌，形成看跌形态。诱骗投资者看空后市而卖出股票。

即使是向上拉升股价建仓，因为最终目的是要诱骗投资者抛出股票，主力也会在拉升过程中制造很多股价即将上涨见顶的信号。投资者看到主力制造的K线形态后，认为上涨行情即将结束，就会抛出股票，主力也就可以实现诱空的目的。

曙光股份日K线如图4-6所示。

如图4-6所示，2015年9月至10月初，曙光股份（600303）的主力在持续拉高股价的过程中逐步完成了建仓操作。这个过程中虽然行情整体上涨，不过却连续出现了高位的流星线、十字线、大阴线等看跌K线形态。最终还形成了由连续三根阴线组成的三只乌鸦K线组合。很多投资者会因为这些看跌形态而抛出股票，主力也就可以实现建仓的目的。

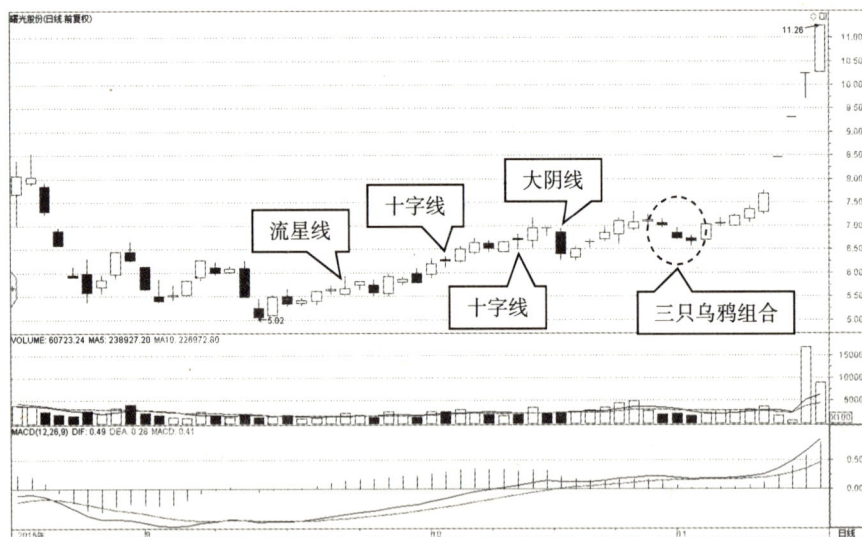

图 4-6 曙光股份日 K 线

二、成交量信号

主力买入股票时，为了避免太多跟风买盘抢夺筹码，会在盘口信息和 K 线信息上尽量隐藏自己买入的痕迹，诱骗投资者抛出股票。不过无论他们怎样隐藏自己的痕迹，只要有大量买入必然会伴随成交量的大幅放大。因此主力买入股票时，在 K 线图和分时图都能看到成交量放大的迹象。我们可以用成交量与股价走势配合，判断主力的建仓买入行为。

航天长峰日 K 线如图 4-7 所示。

如图 4-7 所示，2015 年 9 月初，航天长峰（600855）股价下跌至底部区域后，在低位横盘整理的过程中，其成交量持续表现出放大的趋势。这是主力在底部震荡区间中逐步买入股票建仓的信号。

航天长峰分时走势如图 4-8 所示。

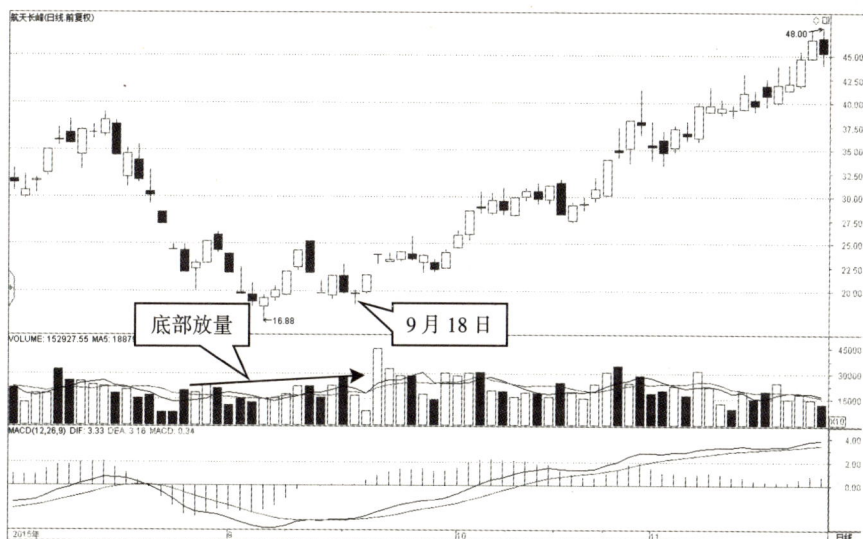

图 4-7 航天长峰日 K 线

图 4-8 航天长峰分时走势

如图 4-8 所示，2015 年 9 月 18 日，航天长峰股价在盘中持续震荡的过程中，其成交量也显示出了间歇性放大的形态。这种间歇性放大的成交量说明主力资金在盘中不断地买入股票。

三、技术指标信号

很多散户投资者买卖股票时都会参照技术指标给出的看涨或者看跌信号。主力诱空建仓时也不会放过这一点。在建仓过程中，主力会操纵技术指标形成短暂的看跌信号，导致很多散户投资者因为看空后市而卖出股票。主力就可以借机在底部买入股票建仓。

同时为了之后的拉升行情考虑，主力在诱空建仓时又不会使股票的技术形态完全走坏，而是会保持一个长期的上涨趋势。这样未来拉升行情开始时，主力才能有效调动散户投资者的买入热情，将股价持续向上拉升。

三房巷日 K 线如图 4-9 所示。

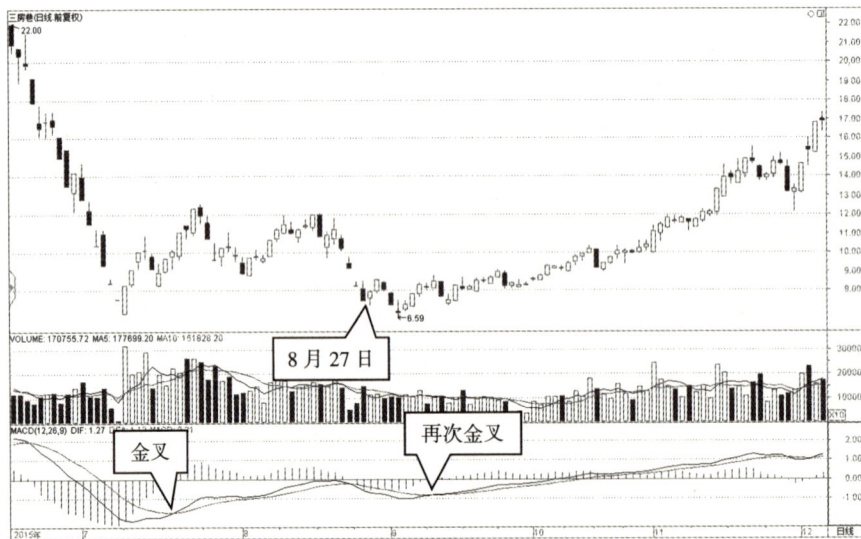

图 4-9　三房巷日 K 线

如图 4-9 所示，2015 年 7~9 月，三房巷（600370）下跌至底部后持续震荡整理。震荡过程中主力逐渐实现了建仓的操作。

通过该股的 MACD 指标可以发现，在最初反弹时，MACD 指标两条曲线形成金叉并持续上涨。不过反弹至 0 轴附近后两条曲线又形成

了死叉，并持续下跌。这样 MACD 指标在 0 轴附近的死叉形态说明股价将会继续下跌趋势，是卖出股票的信号。会有很多投资者看到这个信号而卖出股票，主力则借机买入股票建仓。

当建仓结束后，主力在底部给予股价较强支撑。MACD 指标的走势也逐渐得到修正，两条曲线重新形成金叉后持续上涨。

三房巷分时走势如图 4-10 所示。

图 4-10　三房巷分时走势

如图 4-10 所示，2015 年 8 月 27 日，三房巷高开后持续下跌，盘中多次反弹到分时均线附近都遇到了较强阻力开始下跌。这样的情况下，市场上很多散户投资者会卖出手中的股票，而主力则能够逐渐买入，完成建仓的目标。

最终在尾盘阶段，主力将股价快速向上拉升。一方面，将上方的抛盘挂单全部清理干净，完成建仓的目的；另一方面，也让股票的技术形态走强，为之后的拉升过程做好铺垫。

四、市场反应信号

在主力建仓买入股票的过程中，市场上的散户投资者受到主力诱空操作的影响，会普遍对后市持看空的态度，纷纷卖出股票。即使最乐观的散户也只是抱有短线操作的目标，对长期走势并不看好。

在整个市场普遍看空的气氛下，主力就可以在底部区域内逐渐买入股票。因为主力买盘的支撑作用，整个市场走势虽然较弱，但是下跌的速度不会太快。而且随着主力建仓结束，拉升行情开始，股票的走势也会越来越强，逐渐进入上涨行情中。

第五章 主力试盘阶段的盘口动向

主力操作的过程中，非常善于借助市场上散户投资者的力量来抬拉或者打压股价。为了充分借助散户投资者的力量，主力操作之前需要试探市场上这些散户投资者的力量到底有多强。例如主力拉升时，会有多少跟风盘，又会有多少逢高抛盘。主力打压时，会有多少跟风卖盘，又会有多少抄底买盘。

这种测试阻力或者支撑的方法就是试盘。当我们发现主力试盘时，可以根据试盘后的市场反应了解当前的市场状态，从而进一步推测下一步主力操盘的具体方向。

第一节 主力试盘的目标

主力试盘的目标是要测试整个市场上的跟风盘、支撑位和阻力位。为了测试这些盘面状态，主力会选择不同的试盘策略。

一、试探下方支撑位

主力想要拉升股价之前，会使用试盘的方法测试下方支撑位强弱。这样就可以确认未来使用多大的力量才可以将股价持续向下打压。

　　此外，在最终抛售股票出货之前，主力也会测试下方的支撑位。这主要是为了试探最终出货的过程中下方能够有足够的买盘买入这些抛售的筹码。如果下方买入的力量充足，主力很快就会抛出股票出货。相反，如果买入的力量不足，主力则会继续进行诱多操作，引入更多的买入资金，方便自己进行后续的卖出操作。

　　兰生股份日 K 线如图 5-1 所示。

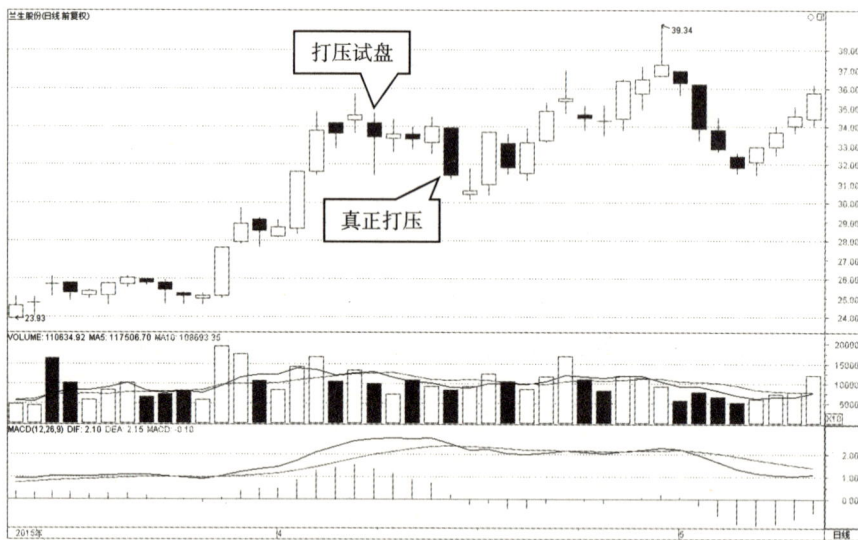

图 5-1　兰生股份日 K 线

　　如图 5-1 所示，2015 年 4 月，兰生股份（600826）的主力准备将股价向下打压。4 月 9 日，主力先是在盘中将股价试探性的打压，试探下方的支撑力量强弱。这一日的 K 线形成一根带有长下影线的图形。当主力了解到下方支撑力量的强弱后，在一段时间后开始将股价持续向下打压。

二、试探上方阻力位

　　主力开始拉升股价之前，为了测试上方有多少投资者会抛出股票，会对上方的阻力位进行测试。如果上方抛盘压力较小，主力就可以更

加从容地展开随后拉升股价的计划。相反，如果上方的抛盘压力很大，则短期内拉升股价就不太现实。这时主力可能改变操盘模式，使用震荡方法消耗上方套牢盘后，再进行后续操作。

大有能源日 K 线如图 5-2 所示。

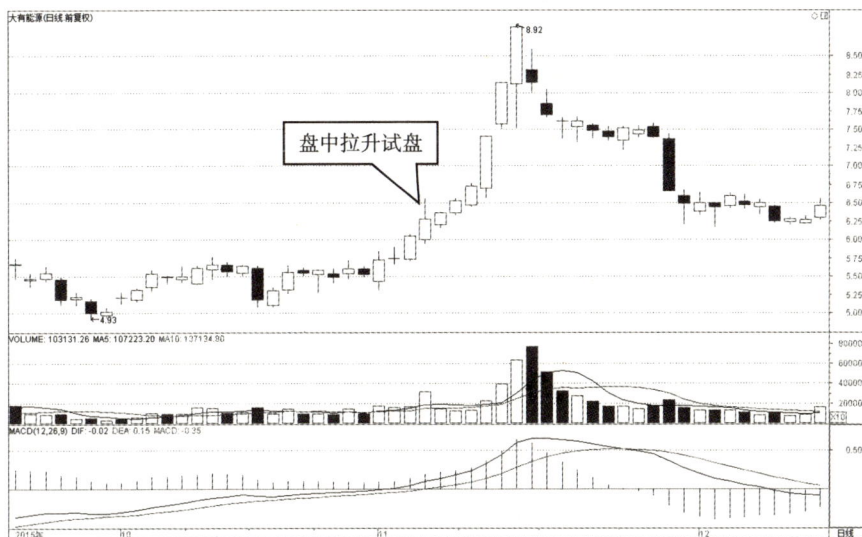

图 5-2　大有能源日 K 线

如图 5-2 所示，2015 年 11 月 5 日，大有能源（600403）的主力股价向上拉升至高位后，开始测试上方的抛盘压力。如果主力认为上方的抛盘压力较大，很可能会操纵股价在高位横盘整理一段时间才将股价向上拉升。

经过试盘后，主力发现上方并没有太大抛盘，市场上的散户投资者还都在稳定持有手中的股票。得到这样的信号后，主力就继续自己的拉升计划，没有再做停留。

三、试探买入跟风盘

主力拉升试盘的目的之一是要测试上方的抛盘压力，另一个目的则是要试探市场上跟风盘的强弱。

看到股价上涨后，很多散户投资者会跟随主力一起买入。这些散户投资者也就是跟风盘。跟风买盘是帮助主力将股价向上拉升的重要力量。如果跟风买盘较强，主力未来就可以比较轻松地将股价向上拉升。相反，如果跟风买盘较弱，主力的拉升就会非常吃力。这时他就会不急于开始拉升的计划，而是要先想办法来吸引更多跟风买盘。

文山电力日 K 线如图 5-3 所示。

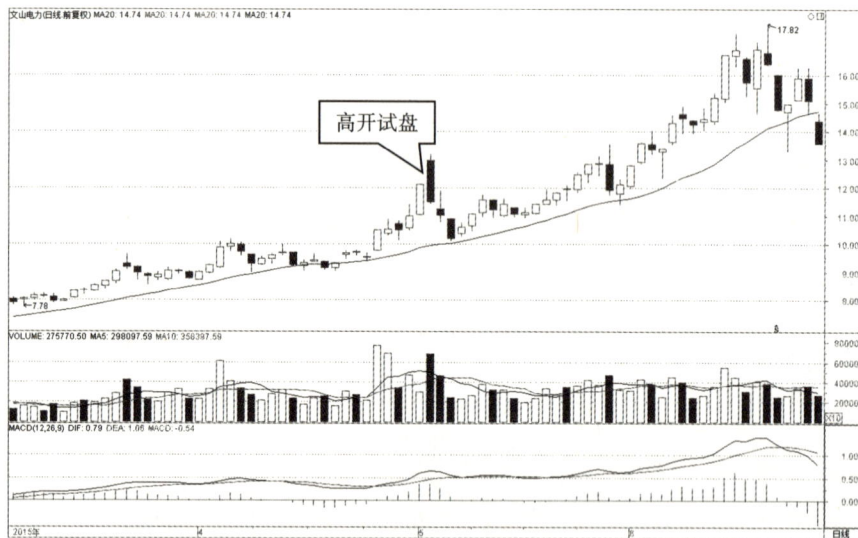

图 5-3　文山电力日 K 线

如图 5-3 所示，2015 年 5 月 5 日，文山电力（600995）股价大幅高开后，并没有持续上涨，反而遭遇了巨大阻力，在盘中持续下跌。这样的形态说明此时追高买入的投资者数量并不多，反而有很多人在逢高卖出股票。此时如果主力继续向上拉升股价风险很大。

于是在之后一段时间里，主力选择了将股价向下打压。当股价下跌至 20 日均线附近时，逐渐有买盘进入，股价开始获得支撑上涨。借此机会，主力才开始了随后的拉升过程。

四、试探卖出跟风盘

当主力想要在高位抛出大量股票出货时，可能会对股价形成一定的压力。看到这样的压力，很多投资者可能会跟随主力一起抛出股票，造成股价持续下跌，打乱主力的出货计划。

为了避免大量投资者跟风卖出股票，主力大量抛出股票出货前会测试股价下跌时的跟风卖盘强弱。如果跟风卖盘很弱，主力就可以非常容易地打压股价出货，同时不引起股价大幅下跌。相反，如果股票的跟风卖盘很强，主力只要少量抛出就会导致其他投资者大量跟风卖出。这样的市场环境就非常不适合抛售出货，主力需要暂时停止自己的出货计划，想办法稳固市场筹码后，再进行抛售的操作。

湖南黄金日 K 线如图 5-4 所示。

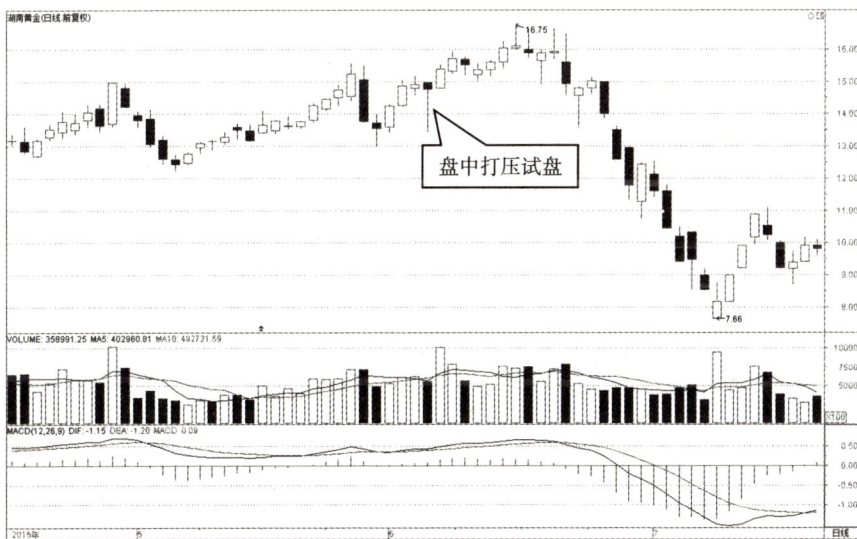

图 5-4　湖南黄金日 K 线

如图 5-4 所示，2015 年 6 月 4 日，湖南黄金（002155）的主力在盘中将该股价格快速向下打压，测试上方的跟风卖盘强弱。经过测试后主力发现，此时市场上的散户投资者仍然一致看好未来行情的发展。

上方不仅没有太多的跟风抛盘，反而有很多投资者在股价下跌后抄底买入股票。

看到这样的形态后，主力资金在高位股价缓慢上涨的过程中从容完成了出货的操作。

第二节　分时图识别主力试盘信号

主力的试盘操作往往会在一个交易日内完成，因此会在分时图中留下比较明显的信号。借助分时图的盘口信息，我们可以了解到当前市场上的筹码状态，从而推断未来股价可能的运行方向。

一、高开试盘的分时信号

当主力想要测试上方抛盘压力强弱时，可能在开盘集合竞价阶段就操纵股价大幅高开。看到股价高开，想要在高位抛出股票的投资者就会纷纷逢高卖出，主力则可以借机判断上方抛盘压力的大小。

如果高开后股价持续回落，说明上方的抛盘压力巨大。这时主力就不会急于将股价向上拉升。股价短期内的走势将以低位横盘整理，稳固筹码为主。

如果高开后股价持续在高位震荡，甚至能够上涨，则说明高位抛盘压力不大，同时还有追高买盘进入。这样的情况下，主力很可能会在短期内开展后续的拉升走势。

太原刚玉分时走势如图 5-5 所示。

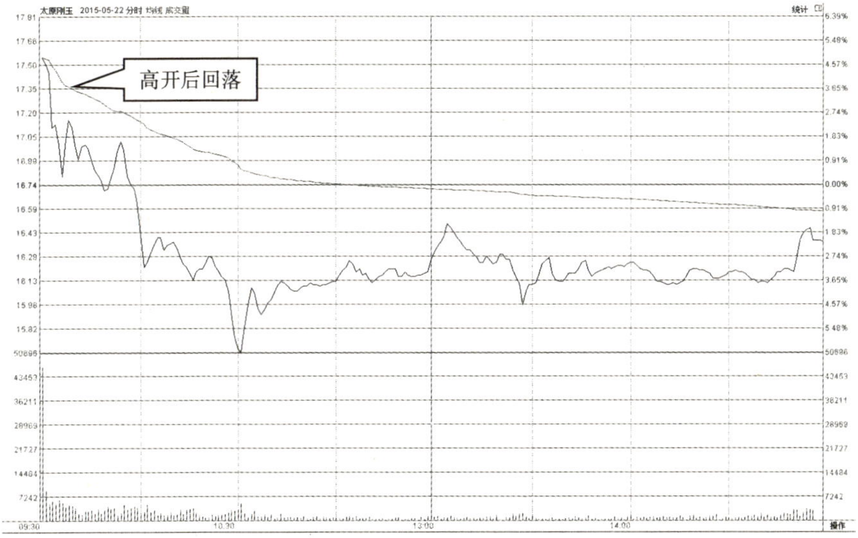

图 5-5 太原刚玉分时走势

如图 5-5 所示，2015 年 5 月 22 日，太原刚玉（000795）大幅高开后持续回落。这样的形态说明该股上方的抛盘压力巨大。很多投资者看到股价上涨就纷纷抛出了股票，对股价上涨形成巨大压力。看到这样的形态后，主力知道这时将股价向上拉升的难度很大，于是之后的几个交易日，开始让股价持续横盘整理，稳固市场筹码。

万年青分时走势如图 5-6 所示。

如图 5-6 所示，2015 年 10 月 18 日，万年青（000789）大幅高开后持续在高位震荡整理。通过这样的形态，主力确认上方抛盘压力并不大。于是在这之后的几个交易日，主力开展了持续的拉升行情。

二、低开试盘的分时信号

如果主力想要测试下方支撑力量的强弱，可能会在某个交易日操纵股价突然大幅低开。

看到股价大幅低开，想要抄底买入的投资者会逐渐买入股票。股价将在这些买盘的推动下持续上涨。主力通过观察低开后股价的

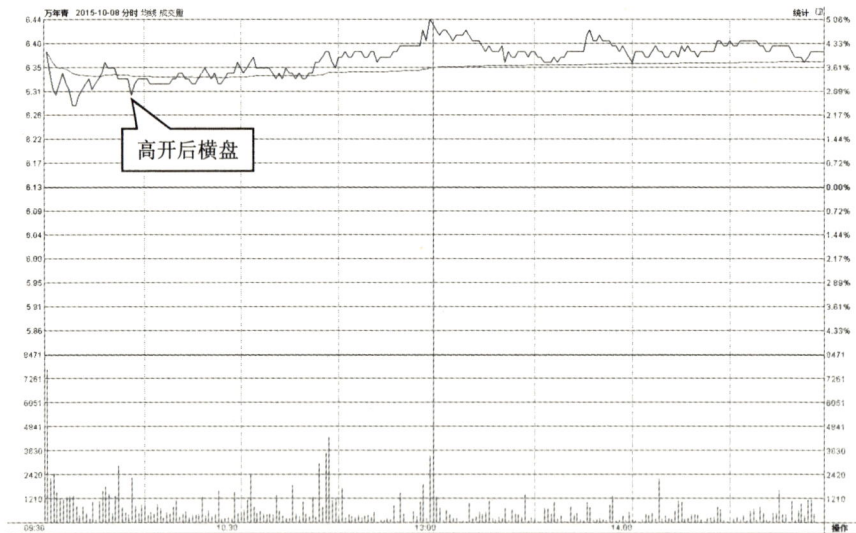

高开后横盘

图 5-6　万年青分时走势

波动情况，就能知道该股抄底买盘力量的强弱，为自己的后市操作提供参照。

股价经过低开，如果随后股价持续上涨，就说明下方支撑力量较强。此时主力如果要打压洗盘，就不能采取打压的手法。因为即使打压股价也很难下跌。如果主力想要出货，则可以放心抛出股票，股价不会因为抛盘而形成太大幅度的下跌。

股价经过低开后，如果随后在低位持续横盘，或者继续下跌，则说明下方的支撑力量很弱。此时主力如果要洗盘操作，可以将股价持续打压，造成市场恐慌。如果要出货，则不能马上展开行动，因为那样很容易造成整个市场持续下跌，导致整个市场陷入恐慌。

欧亚集团分时走势如图 5-7 所示。

如图 5-7 所示，2015 年 4 月 20 日，欧亚集团（600697）股价大幅低开后，在低位形成了持续震荡整理的行情。这样的形态说明在低位抄底买入股票的投资者数量不多，下方的支撑力量非常有限。因为此时股价已经上涨至高位，主力正在准备出货。看到这样的形态后，

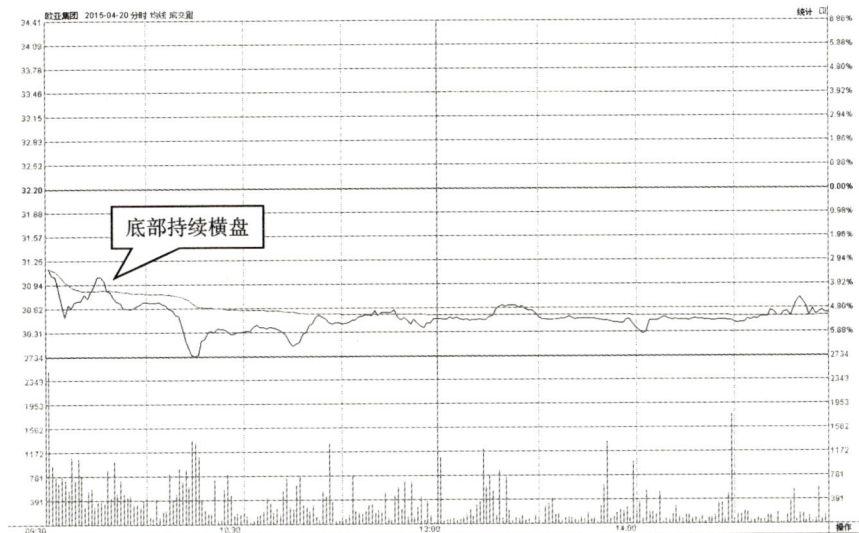

图 5-7　欧亚集团分时走势

主力并不会急于抛出股票，而是会操纵股价在高位持续震荡上涨，继续吸引跟风筹码来完成后续的出货操作。

益生股份分时走势如图 5-8 所示。

图 5-8　益生股份分时走势

如图 5-8 所示，2015 年 12 月 10 日，益生股份 （002458）大幅低开后获得了较强的支撑，股价在随后持续被向上拉升，这样的形态说明下方的支撑力量较强。看到股价低开后，很多投资者都在积极买入股票。看到这样的形态后，主力会在高位持续抛出股票，完成自己的出货目标。

三、拉高试盘的分时信号

为了测试上方抛盘压力大小，主力除了操纵股价高开来试盘外，还有可能会在盘中将股价快速向上拉升。这样一方面可以测试上方抛盘压力大小，另一方面还能测试市场上跟风买盘的强弱，是主力在拉升前的常用试盘手法。

如果股价在盘中快速上涨后，上方并没有遇到太大抛盘压力，并且股价在跟风买盘的推动下持续上涨，就说明拉升的前景十分明朗。这样的情况下，未来短期内股价就会大幅上涨。

相反，如果股价在盘中快速上涨后，上方遭遇了巨大抛盘压力，同时跟风买盘也非常弱，股价因此而持续回落，则主力并不会马上将股价向上拉升。随后一段时间，股价很可能会持续横盘整理，或者小幅回落。通过这样的形态，主力能够逐渐消化上方抛盘，吸引跟风买盘，为之后的拉升行情做准备。

大有能源分时走势如图 5-9 所示。

如图 5-9 所示，2015 年 11 月 2 日上午，大有能源 （600403）被主力从下方快速向上拉升。股价快速上涨至高位后并没有遇到太大阻力，反而在跟风买盘的推动下持续震荡上涨。看到这样的形态后，主力会很快开始自己的拉升操作，我们也可以积极买入股票。

纳川股份分时走势如图 5-10 所示。

图5-9 大有能源分时走势

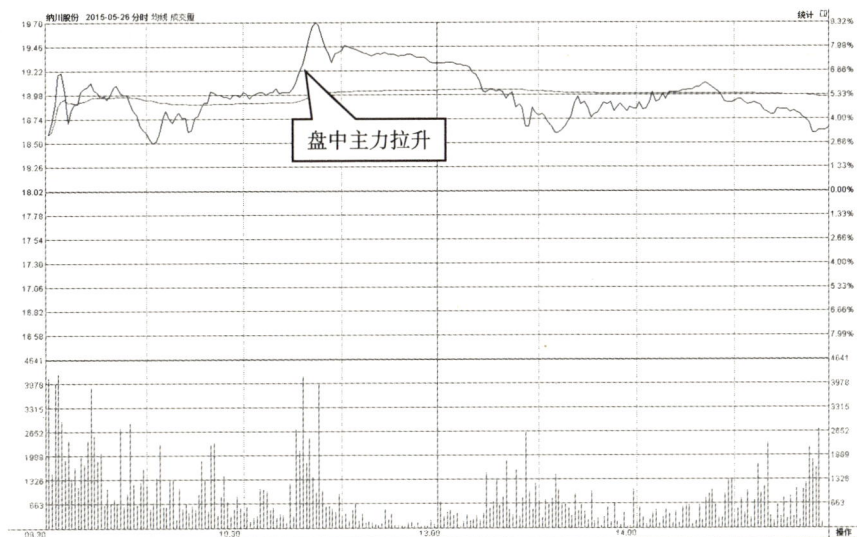

图5-10 纳川股份分时走势

如图5-10所示，2015年5月26日上午，纳川股份（300198）股价被主力快速向上拉升试盘。当股价上涨至高位后，遭遇上方巨大的抛盘压力，持续下跌。这样的形态说明上方压力巨大。此时拉升股价的条件还不具备，主力并不会急于将股票向上拉升。投资者也不用着急买入股票，可以暂时观望。

四、打压试盘的分时信号

为了测试下方支撑力量的强弱，主力同样会在盘中将股价快速向下打压进行试盘。这样的盘中打压走势一方面能够测试下方支撑力量强弱，另一方面还能了解到市场上有多少投资者会看到股价下跌马上就跟风卖出。因此，这是主力出货前常用的试盘方法。

如果打压试盘后股价无法获得支撑，同时还有很多跟风卖盘出现，将股价继续向下打压，就说明此时市场状态不适合主力出货。稍有抛盘就会造成市场普遍恐慌。这样的情况下，主力短期内都不会抛售股票进行出货操作。

如果打压试盘后股价获得了很强的支撑，马上就见底反弹，说明下方的支撑力量很强。这时主力可以顺利开展自己的出货计划。

万达院线分时走势如图 5-11 所示。

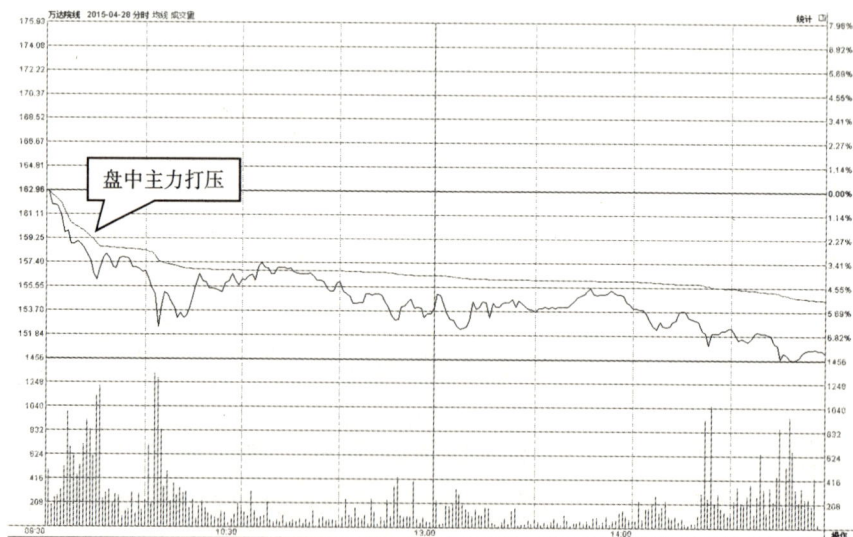

图 5-11 万达院线分时走势

如图 5-11 所示，2015 年 4 月 28 日，万达院线（002739）开盘后被主力快速向下打压进行试盘操作。经过这次试盘后，股价并没有获得支撑，反而持续在低位震荡下跌。这样的形态说明市场此时还无法承接主力出货的抛盘。看到这样的形态后，主力并没有急于抛出股票，而是将股价继续向上拉升，吸引更多跟风买盘进入。

恒邦股份分时走势如图 5-12 所示。

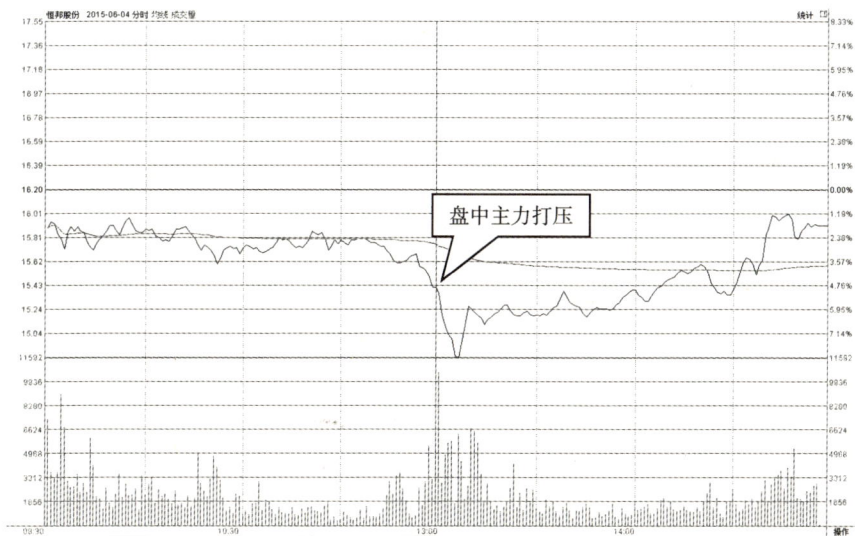

图 5-12 恒邦股份分时走势

如图 5-12 所示，2015 年 6 月 4 日下午刚刚开盘，恒邦股份（002237）股价就被主力快速向下打压进行试盘。经过这次试盘后，股价很快就获得支撑开始上涨。这说明下方的支撑力量很强。看到这样的形态后，主力在随后几个交易日中从容卖出股票进行出货操作。

第三节　主力试盘的其他信号

主力的试盘操作多数会在一个交易日内就完成。不过在 K 线图、成交量、指标、市场氛围等方面，同样会留下主力试盘的痕迹。

一、K 线走势信号

当主力在盘中将股价向上拉升试盘，随后股价回落时，会在 K 线图上留下一根带长上影线的 K 线。同时，当主力在盘中将股价向下打压试盘，随后股价回升时，会在 K 线图上留下一根带长下影线的 K 线。

因此，如果我们在 K 线图中看到一根带有长上影线的 K 线，往往是主力在试探上方的抛盘压力。这样的形态被称为单针探顶形态。未来的行情中，一旦股价能够上涨突破 K 线的上影线区域，就说明主力试探清楚上方抛盘压力后，开始将股价向上拉升。这是看涨买入信号。

中国铝业日 K 线如图 5-13 所示。

如图 5-13 所示，2015 年 3 月 19 日，中国铝业（601600）K 线图上形成一根带有长上影线的 K 线，也就是单针探顶形态。这样的形态说明主力在试探上方的阻力位置。随后一段时间，股价持续在这根 K 线的上影线下方横盘整理。这说明主力认为上方抛盘压力太大，正在进行洗盘操作，消化上方抛盘压力。

4 月 7 日，当股价强势上涨，突破单针探顶的上影线高点时，标志着主力认为上方抛盘压力已经被完全消化，开始拉升过程。此时投资者可以积极买入股票。

与单针探顶相反，如果我们在 K 线图中看到带有长下影线的 K

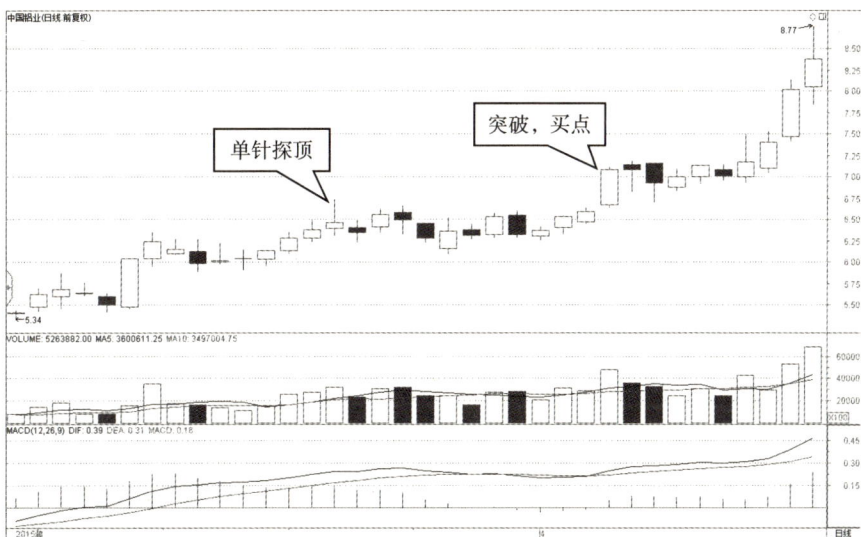

图 5-13　中国铝业日 K 线

线，往往是主力在试探下方的支撑力量。在随后的行情中，如果股价持续上涨，就说明主力确认支撑位有效后，开始继续拉升行情。这同样是看涨买入信号。

华菱钢铁日 K 线如图 5-14 所示。

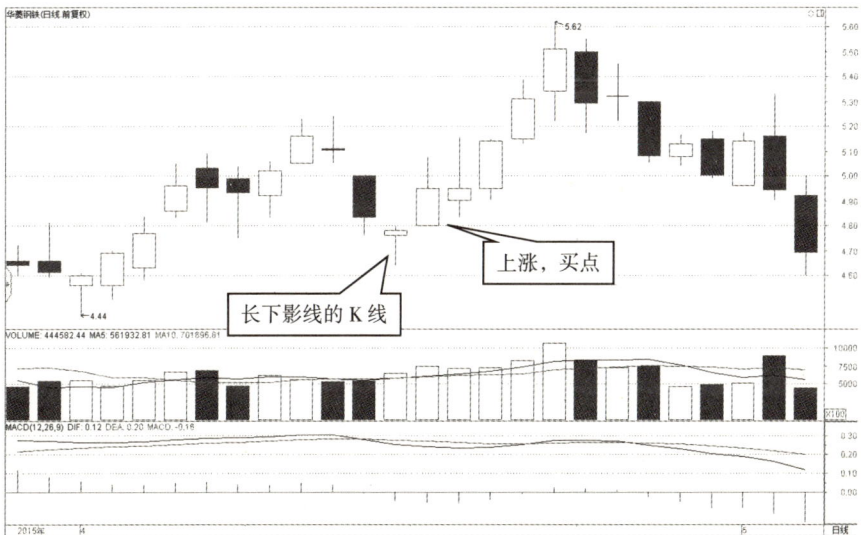

图 5-14　华菱钢铁日 K 线

如图 5-14 所示，2015 年 4 月 16 日，华菱钢铁（000932）股价下跌至底部后形成一根带有长下影线的 K 线，这是主力在试探下方支撑盘强弱的标志。

随后一个交易日，股价被强势向上拉升。这说明主力经过试探后，认为下方的支撑盘压力已经很强，于是结束了洗盘操作，开始将股价继续向上拉升。此时是投资者追高买入股票的时机。

二、成交量信号

当主力盘中试盘时，如果要向上拉升试盘，会在短短几分钟内买入大量股票，将整个市场向上拉升。如果要向下打压试盘，则会在几分钟内抛出大量股票，将股价快速向下打压。因此，主力试盘时在分时成交量上就可以明显看到几分钟内的成交量快速增加，远远超过一日中其他时刻的成交量水平。

福安股份分时走势如图 5-15 所示。

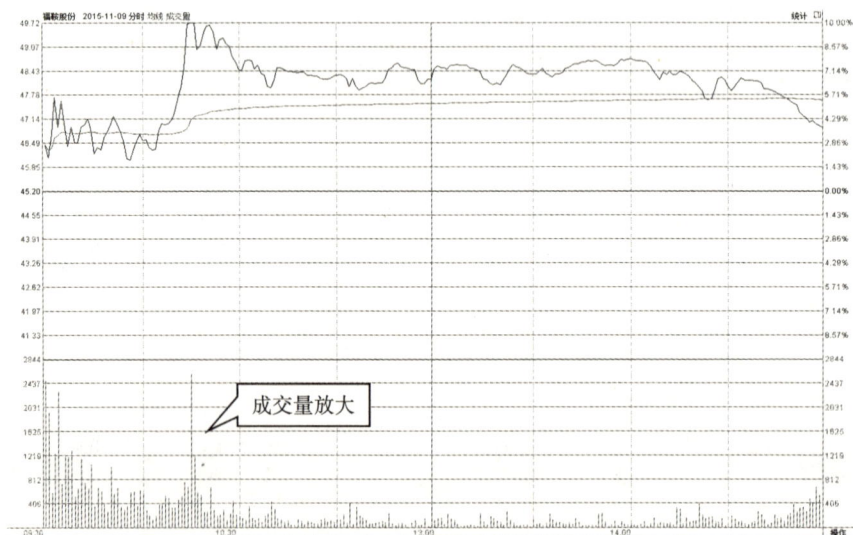

图 5-15　福安股份分时走势

如图 5-15 所示，2015 年 11 月 9 日，福安股份（603315）的主力在盘中快速将股价向上拉升进行试盘。股价被向上拉升的几分钟内，市场成交量大幅放大。这明显是主力资金在拉升股价造成的。因为如果是散户的拉升，很难这么集中在几分钟内爆发出来。

三、技术指标信号

主力试盘时，经常会选择在一些重要的技术点位进行。

当股价运行至压力位附近时，主力会将股价向上拉升进行试盘，试探上方的压力位大小。当股价运行至支撑位附近时，主力也会将股价快速向下打压，试探下方的支撑位到底有多强。

这些重要的支撑位或者阻力位包括前期高点、前期低点、上升趋势线、下降趋势线、重要的均线、前期跳空缺口、黄金分割线等。

应流股份日 K 线如图 5-16 所示。

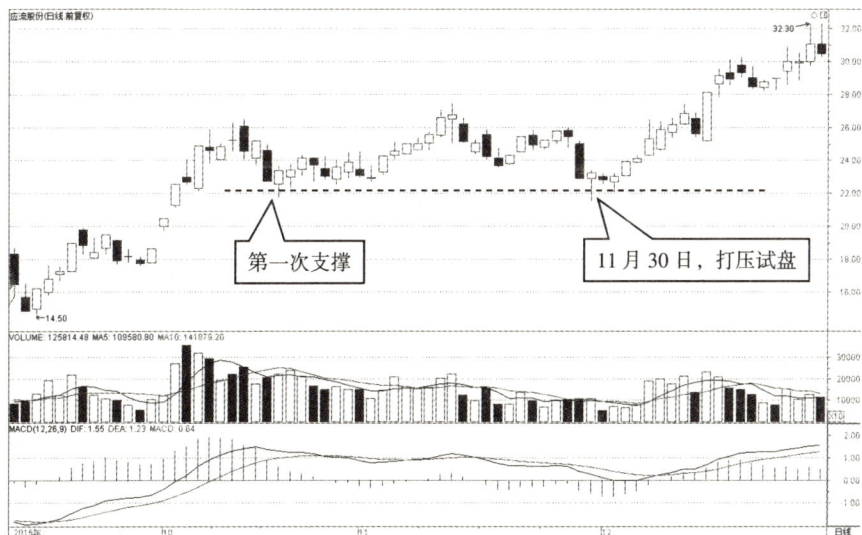

图 5-16 应流股份日 K 线

如图 5-16 所示，2015 年 10 月，应流股份（603308）第一次下跌到 22 元附近获得支撑。这说明在 22 元附近有重要的支撑位存在。

11月30日，当股价再次下跌至22元附近时，主力在盘中将股价快速向下打压，试探下方的支撑力量。

应流股份分时走势如图5-17所示。

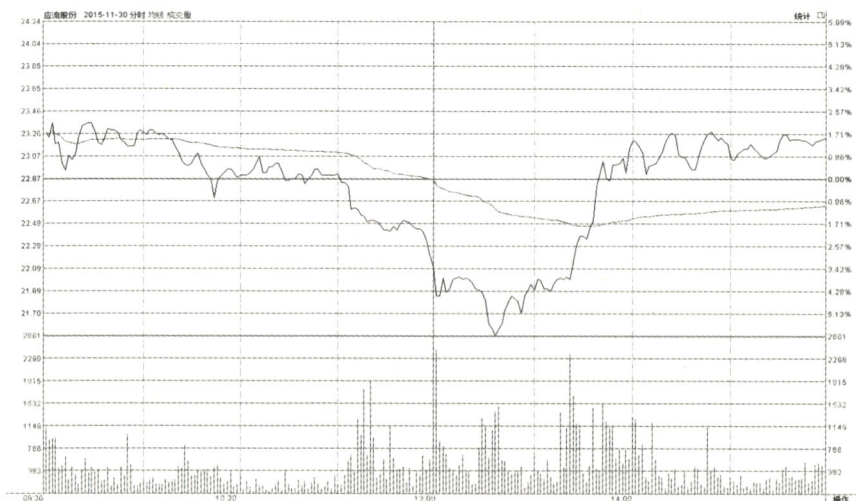

图5-17　应流股份分时走势

如图5-17所示，当日股价被快速打压至低位后，获得了较强的支撑，很快就开始快速上涨。这样的形态说明下方的支撑力量仍然存在。确认这一点后，主力在随后的行情中开始将该股股价快速向上拉升。

四、市场反应信号

主力试盘的目标是为了测试市场筹码稳定情况。因此，主力只有在觉察到市场筹码不太稳定的时候，才会开始试盘操作。

在股价持续上涨的过程中，如果市场上的散户投资者普遍看好未来行情的发展，这时主力不会试盘。只有等股价上涨一段时间后，如果通过股票论坛或者炒股聊天群中，主力发现很多投资者表现出对上方压力位的担忧，或者有获利筹码准备抛售变现时，才会进行试盘操作。通过盘中的实际试盘，主力就能了解市场上真正的筹码稳定程度，制定进一步的操作计划。

第六章　主力拉升阶段的盘口动向

　　拉升是指主力操纵股价从建仓的价位区间上涨至出货目标价位的过程。拉升过程中，主力会将股价持续向上抬拉。同时在主力的影响下，也会有大量投资者追高买入，造成股价持续放量大幅上涨，技术形态普遍走强，整个市场形成空前的看多做多氛围。

　　拉升过程为主力带来了巨大的利润空间。同时对于跟随主力操作的散户来说，只要抓住了拉升的过程，在整个拉升过程中稳定持有股票，就能获得巨大的利润。

第一节　主力拉升的目标

　　主力通过拉升将股价推升至高位，为自己的底仓创造盈利空间。在拉升过程中，主力一方面要动用自有资金买入，将股价向上抬拉；另一方面，还要寻找机会调动散户投资者的买入热情，让市场上的其他投资者帮助自己一起买入股票。

一、拉高股价至目标价位

　　主力拉升的首要目标就是要将股价持续向上拉升。为了实现这个目标，最直接有效的办法就是动用自有资金来大量买入。通过买入当前股价上方积压的抛盘，可以将股价迅速抬拉至很高的位置。

华懋科技分时走势如图 6-1 所示。

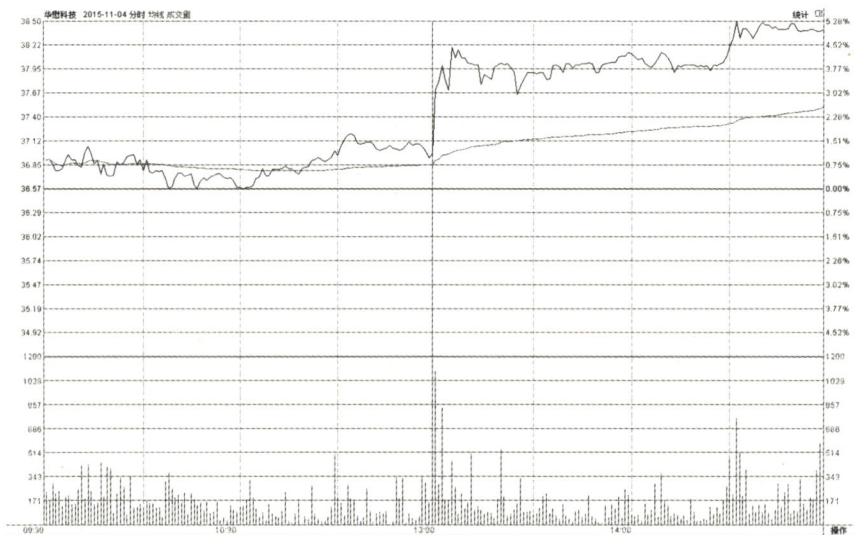

图 6-1 华懋科技分时走势

如图 6-1 所示，2015 年 11 月 4 日，华懋科技（603306）在下午刚刚开盘和下午收盘前，连续两次被直线向上拉升。同时分时成交量也大幅放大。这明显是有主力资金在盘中大量买入股票，将股价向上拉升。

二、不增加自己持股数量

主力手中的资金也是有限的。如果只是用自己的资金买入股票，主力手中的持股数量就会不断增加，同时可用的资金则会越来越少。这一方面会随着股价上涨，造成主力的持股成本越来越高，获利空间越来越小；另一方面也会造成主力的持股数量太多，为出货带来困难。

因此，主力拉升股价时，会控制自己的买入规模。很多主力只是在一些关键点位上才动用自有资金买入股票，将股价拉升。剩余时间

都会让股价在散户投资者的推动下自由上涨。为了实现这一点，主力拉升过程中调动散户投资者的买入情绪就变得非常重要。

三、调动市场买入氛围

主力拉升时，非常重要的一件事就是通过各种操盘手法，调动市场上散户投资者的买入热情，让他们自发买入股票，将股价向上拉升，也就是进行诱多操作。这样做一方面可以减轻股价上涨遇到的压力，另一方面也可以带动更多投资者买入股票。

一旦散户投资者的做多热情被充分调动起来，股价就会持续上涨。这种持续上涨行情可以吸引越来越多的投资者买入股票。而越来越多的投资者买入又会推动股价继续上涨。此时即使主力自己不买入股票，股价也会在市场上众多散户投资者的推动下持续上涨。

上海机场日 K 线如图 6-2 所示。

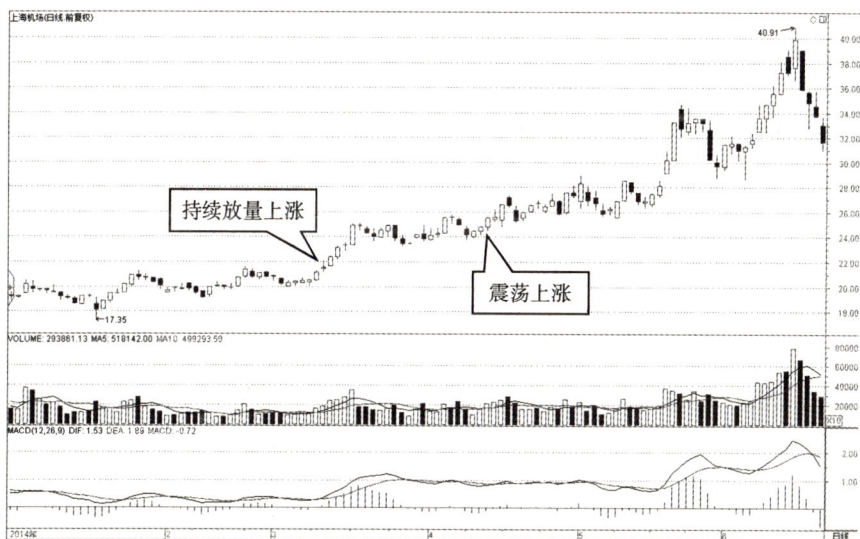

图 6-2　上海机场日 K 线

如图 6-2 所示，2015 年 3 月，上海机场（600009）股价形成一段持续放量上涨的走势。在这段时间内，走势图上形成了连续的阳线，同时成交量也持续放大。这个过程是由主力资金推动的。投资者看到这样的稳健上涨行情，会纷纷买入股票，帮助主力向上拉升股价。

当散户投资者的看多热情被调动起来以后，主力就不再动用自有资金买入股票，而是让股价在市场上其他投资者的自发买入下持续上涨。可以看到，在这段稳健上涨行情之后，该股股价开始在震荡的过程中继续上涨。

第二节 分时图识别主力拉升信号

在拉升过程中，主力会大量买入股票，将股价向上抬拉。这必然导致分时图中形成一些主力拉升的信号。另外，受到主力的影响，也会有大量投资者追高买入，造成股价持续放量大幅上涨，技术形态普遍走强，整个市场形成空前的看多做多氛围。

因此，我们在分时走势中，可以看到很多主力正在将股价向上拉升的迹象。这些迹象主要包括以下几种形态。

一、阶梯拉升的分时信号

这是一种比较常见的拉升手法，整个拉升过程十分稳健，适合控盘程度比较高的主力在整个市场都持续走强时使用。

具体的分时图形态会表现为股价在盘中每上涨一段时间，就形成一段横盘整理走势。这些横盘整理走势可能包括三角形、矩形、旗形等。在一次持续的上涨行情中，这些形态可能会交替出现。

看到这样的横盘整理形态，之前已经获利的投资者感觉到股价上涨速度减缓，担心未来有见顶下跌的风险，就会纷纷抛出手中的股票。

主力则借机在盘中巩固了市场筹码，避免这些获利盘在未来的高位抛出，形成巨大的压力。

经过横盘整理行情后，当股价突破横盘区间继续向上时，散户投资者看到股价开始上涨，又会纷纷买入股票，成为主力将股价继续向上拉升的助力。

恒立实业分时走势如图 6-3 所示。

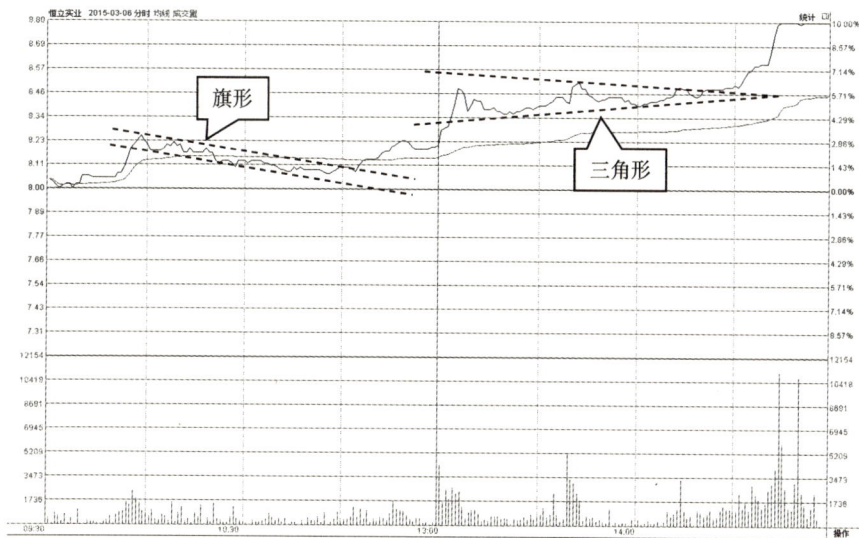

图 6-3　恒立实业分时走势

如图 6-3 所示，2015 年 3 月 6 日，恒立实业（000622）股价被主力持续向上拉升的过程中，连续形成了旗形和三角形两个整理形态。经过这两次整理，市场筹码得到巩固，主力非常稳健地将股价最终拉升至涨停价位。

二、直线拉升的分时信号

直线式拉升是一种非常简单直接的拉升方式，需要十分强势的市场行情配合。对于短线主力来说，这是一种常用的拉升方法。

具体的分时形态表现为主力在盘中快速将股价向上拉升，形成几乎垂直的分时线形态。最终股价很可能会直接上涨至涨停板上，为主力创造巨大的利润空间。

使用这种操作方法时，因为股价上涨速度很快，投资者逢高套现的倾向会很强，会有大量投资者在拉升过程中抛出股票。特别是在最终的涨停价位上，往往需要巨大买盘才能将股价最终封板。

另外，因为股价上涨速度很快，积累了大量市场人气，会有很多投资者在上涨的过程中追高买入，造成市场上的买入力量也非常强势。

因此，在主力直线式拉升的过程中，市场上散户投资者的卖出力量和买入力量都会非常强势，成交量会大幅放大。这么巨大的买卖力量会对主力的操盘能力形成巨大考验，增加主力操盘的风险。

中钢国际分时走势如图 6-4 所示。

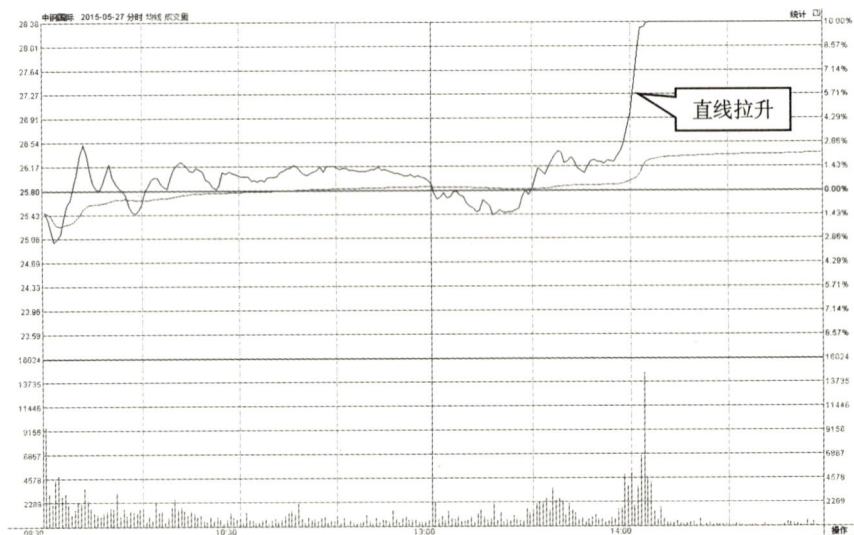

图 6-4　中钢国际分时走势

如图 6-4 所示，2015 年 5 月 27 日下午，中钢国际（000928）的主力将该股股价直线向上拉升，最终成功涨停。这明显是主力拉升的信号。从图中可以看到，主力拉升过程中，市场上的成交量大幅放大，

这说明买卖交易十分活跃。

新华医疗分时走势如图 6-5 所示。

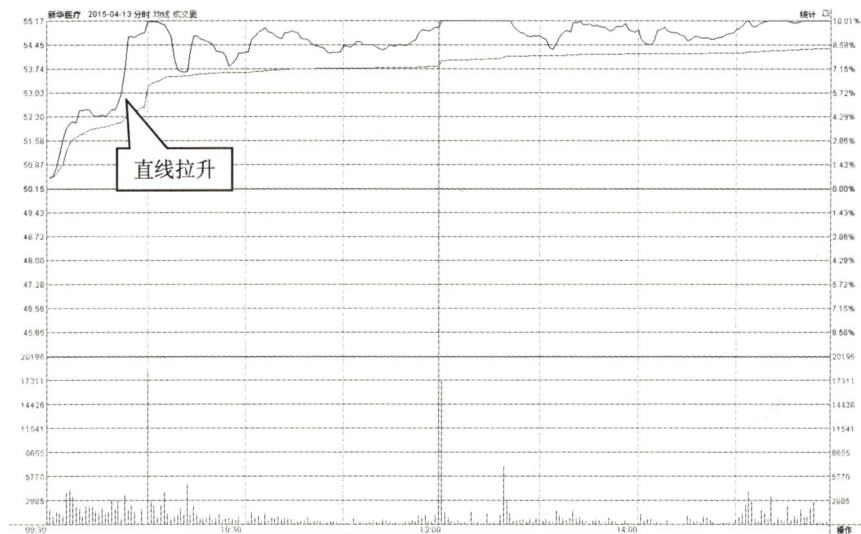

图 6-5 新华医疗分时走势

如图 6-5 所示，2015 年 4 月 13 日，新华医疗（600587）的主力开盘后不久就将股价直线向上拉升。不过此时该股上方的抛盘压力十分巨大，主力的买入力量却不十分充足。最终股价虽然被拉升至涨停板，但涨停封板十分艰难。之后的行情中，该股股价长时间在涨停板附近反复震荡，形成了巨大的买卖盘。

安迪苏分时走势如图 6-6 所示。

如图 6-6 所示，2015 年 11 月 12 日，安迪苏（600299）的主力同样将股价快速向上拉升。因为担心涨停板上的抛盘压力巨大，主力在当日收盘前才将股价封上涨停板。此时临近收盘，即使想要在高位抛出股票的散户投资者也暂时保持观望的态度，主力成功完成了拉升操作。

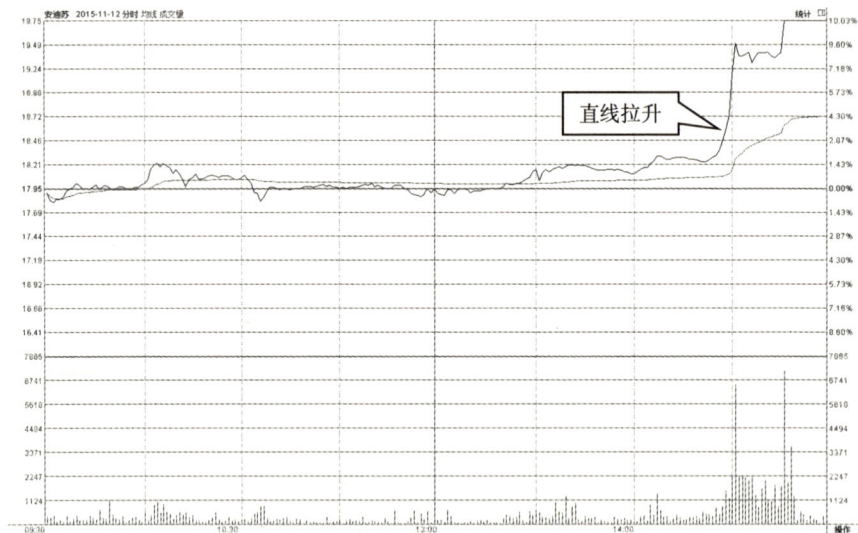

图 6-6　安迪苏分时走势

三、震荡拉升的分时信号

震荡拉升与阶梯式拉升比较相似。在阶梯式拉升的过程中，如果主力认为单单是通过横盘的方式不足以让过去已经获利的投资者抛出股票，就会采用震荡式拉升的办法。具体的操作方法是将股价拉升一段时间，就操纵股价持续下跌，稳固市场筹码。

对于过去已经获利的投资者来说，下跌行情要比横盘整理更有杀伤力。他们看到股价下跌，过去已经获得的利润发生了损失，就会抛出股票。而主力借机将这些已经获利的投资者洗出，稳固市场筹码。

经过回落整理后，当主力继续将股价向上拉升，突破回落时的下跌趋势线时，会形成看涨买入信号。此时会有散户投资者买入股票，帮助主力完成随后的拉升走势。

春秋航空分时走势如图 6-7 所示。

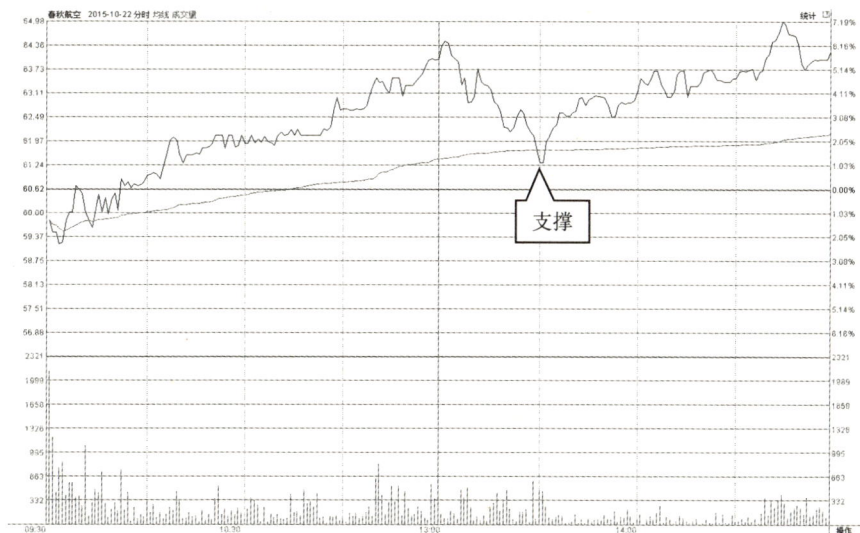

图 6-7 春秋航空分时走势

如图 6-7 所示，2015 年 10 月 22 日下午开盘后，春秋航空（601021）股价持续回落。在回落过程中，很多持股意志不强的投资者抛出了股票，主力成功稳固了市场筹码。最终当股价下跌至分时均线位置获得支撑时，形成看涨信号。此时会有很多散户投资者跟风买入，协助主力完成随后的拉升操作。

远程电缆分时走势如图 6-8 所示。

如图 6-8 所示，2015 年 10 月 23 日，远程电缆（002692）主力拉升股价的过程中同样将股价持续向下打压。这次打压的幅度较深，股价跌破了分时均线，并在分时均线下方持续横盘整理。最终当股价成功突破分时均线时，标志着主力的拉升行情继续。这是看涨买入信号。很多散户会因此而跟风买入股票，形成主力拉升的助力。

开尔新材分时走势如图 6-9 所示。

如图 6-9 所示，2015 年 11 月 11 日，开尔新材（300234）股价在盘中每上涨一段时间后就被向下打压。借助这种方法，主力在拉升过程中不断巩固市场筹码，将股价持续向上拉升。

图 6-8　远程电缆分时走势

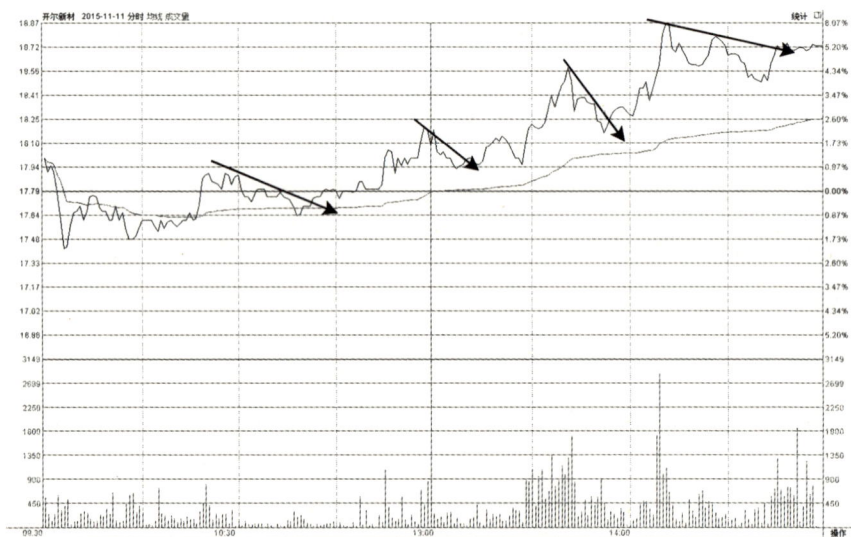

图 6-9　开尔新材分时走势

四、稳健拉升的分时信号

如果主力想要选择一种温和、安全的拉升方式，并且不太担心上方有抛盘压力，那么就会使用稳健拉升的方法。

这种拉升的具体形态是股价在盘中长时间沿着分时均线或者趋势线持续上涨，一直保持稳健上涨的形态。看到这样的稳健形态，大量投资者会追高买入股票，协助主力完成持续拉升的操作。

另外，因为整个拉升过程中股价的上涨十分稳健，持有该股的投资者也会一致看好后市发展，不会轻易抛出，股价的上涨也就不会遇到太大阻力。

在这样稳健拉升的过程中，股价的上涨会比较平稳，不会出现短期内暴涨暴跌的行情。同时成交量的走势也会持续温和放大，不会在某段时间内突然大幅放大。

新澳股份分时走势如图 6-10 所示。

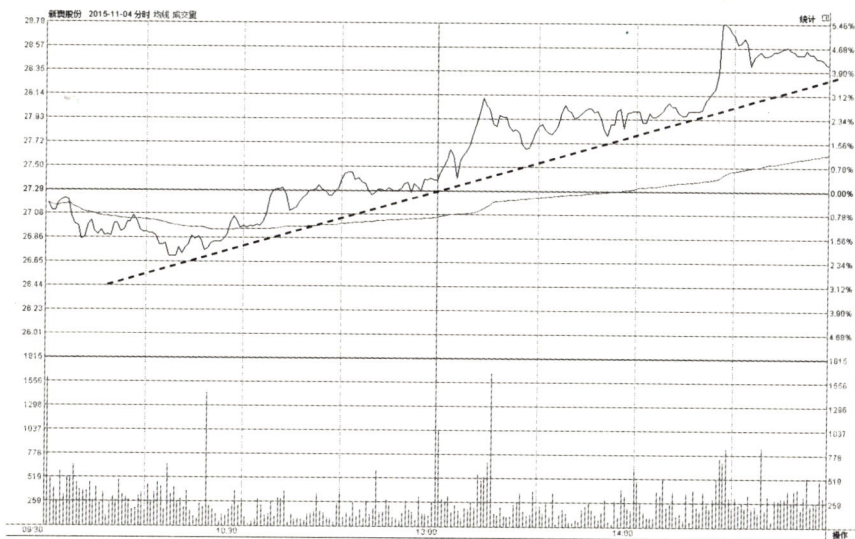

图 6-10 新澳股份分时走势

如图 6-10 所示，2015 年 11 月 4 日，新澳股份（603889）股价沿着一条上涨趋势线持续稳健上涨，中间股价每次回落至这条趋势线附近都能获得支撑。这大大增强了散户投资者看多后市的信心，他们会在这个过程中纷纷买入股票，将该股股价持续向上拉升。

第三节　主力拉升的其他信号

除了分时图中的拉升信号外，主力拉升的过程也会在其他方面表现出来。借助分时图和其他图形信号综合判断，我们可以更加准确地找出市场上那些正在被主力拉升的股票。

一、K 线走势信号

当股价被主力向上拉升时，K 线图上同样也会形成阶梯式拉升、直线式拉升、震荡式拉升、稳健式拉升等拉升的走势图。这代表了主力在宏观层面对股票价格的一种操作。需要注意的是，K 线图上的拉升形态与分时图中的拉升形态并不是对应的。例如在阶梯式拉升的过程中，分时图可能会有阶梯式拉升，也可能会有直线式拉升、震荡式拉升、稳健式拉升等。

主力会根据整体市场氛围确定 K 线图级别的拉升手法，之后再根据每日的详细情况确定每一日盘中的拉升手法。

中葡股份日 K 线如图 6-11 所示。

如图 6-11 所示，2015 年 9~11 月，中葡股份（600084）的主力采用稳健式拉升的手法将股价持续向上拉升。股价在几个月时间里，一直沿着一条上升趋势线持续上涨，每次股价回落至趋势线附近都能获得支撑，这可以增强散户投资者看多后市的信心，吸引他们跟风买入股票，帮助主力完成拉升过程。

在整个拉升过程中的不同时刻，主力在盘中使用了不同的拉升手法。

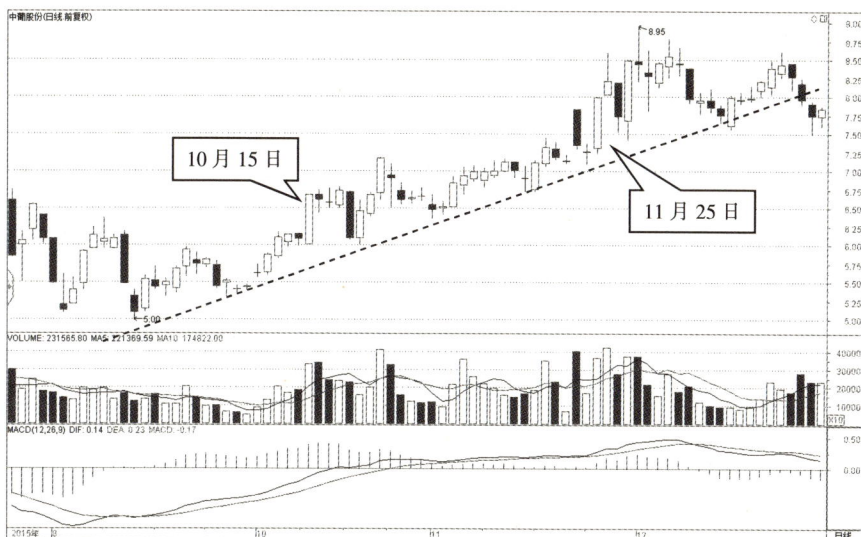

图 6-11 中葡股份日 K 线

中葡股份分时走势 1 如图 6-12 所示。

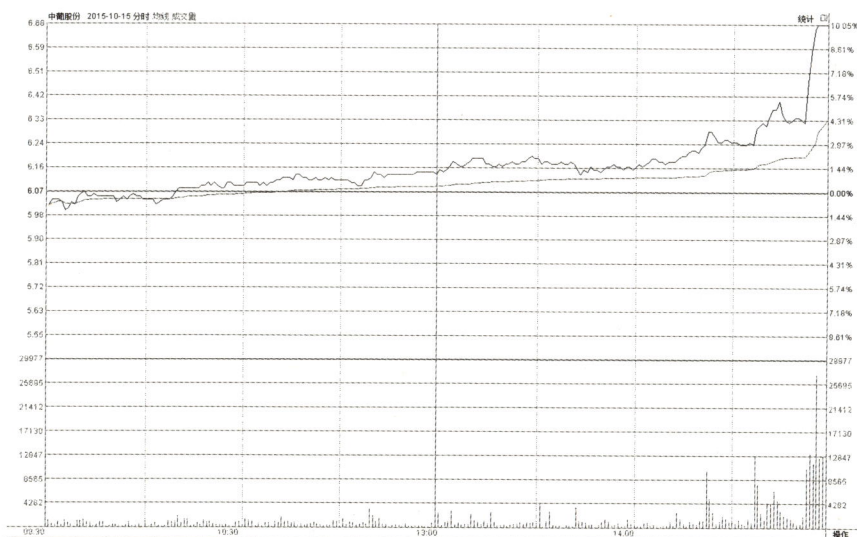

图 6-12 中葡股份分时走势 1

如图 6-12 所示，2015 年 10 月 15 日，主力急于将股价向上拉升，脱离底部横盘区间，于是在这个交易日收盘前使用了直线拉升的手法，将股价直接拉升至了涨停板价位上。

中葡股份分时走势 2 如图 6-13 所示。

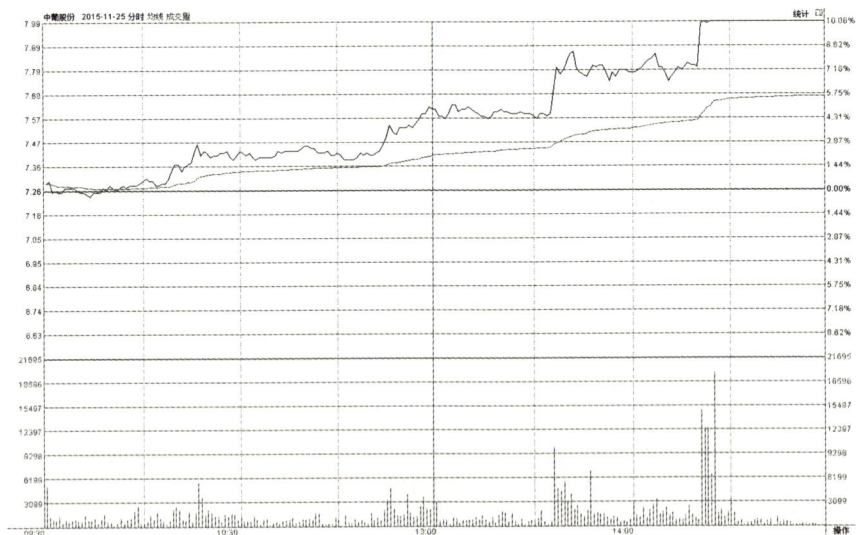

图 6-13　中葡股份分时走势 2

如图 6-13 所示，2015 年 11 月 25 日，股价已经上涨至了较高的位置。这时上方的抛盘压力已经很大，主力继续拉升会比较吃力。于是这个交易日中主力选择了阶梯式拉升的手法，每将股价向上拉升一段时间就操纵股价横盘整理，巩固市场筹码。最终股价同样被拉升至了涨停板上。

从这两日的走势图就可以看出来，根据市场行情所处阶段不同，主力同样要将股价拉升至涨停，使用的拉升手法也有所不同。

二、成交量信号

主力拉升股价的过程中，需要动用自有资金来大量买入股票，将股价向上拉升。这种买入不仅会在走势图上留下痕迹，同样也会造成成交量放大。因此，我们可以根据成交量变化来辅助判断主力拉升的市场行情趋势。

根据主力拉升时使用的具体手法不同，最终在盘中成交量的变化

趋势也会有所不同。如果是阶梯式拉升或者震荡式拉升，则每次向上拉升时成交量会有放大的趋势。在拉升后的横盘整理或者回调过程中，成交量会表现出逐渐萎缩的趋势。这说明抛出股票的散户投资者越来越少，市场筹码逐渐稳固。

猛狮科技分时走势如图 6-14 所示。

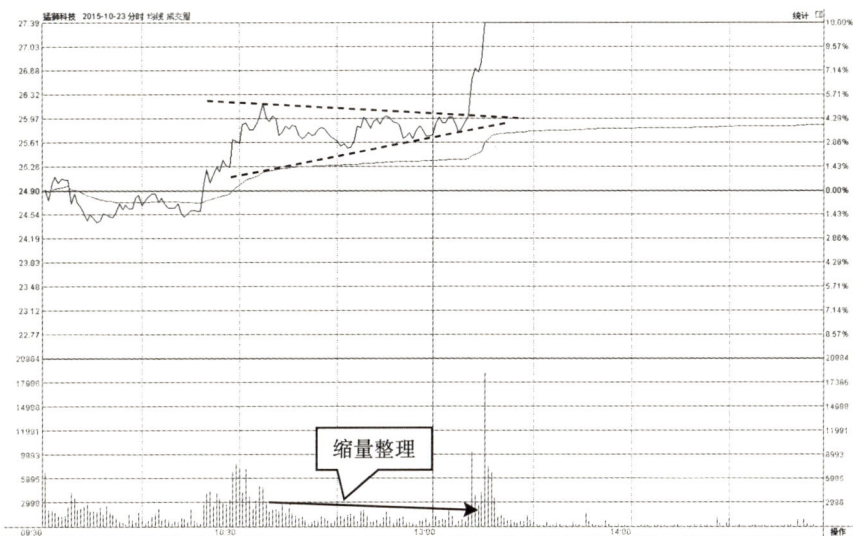

图 6-14 猛狮科技分时走势

如图 6-14 所示，2015 年 10 月 23 日，猛狮科技（002684）股价被主力以阶梯式拉升的形态向上拉升。第一次拉升的过程中，成交量持续放大。随后股价形成高位三角形整理区间后，成交量显示出了逐渐萎缩的趋势。这说明一开始有很多散户投资逢高卖出，造成成交量较大，随后卖出股票的投资者越来越少，成交量就逐渐萎缩，市场筹码也就越来越稳固。

最终股价突破三角形上边线再次上涨时，成交量再次放大。这是主力继续将股价拉升的信号。这次股价被持续拉升至了涨停板上。

如果主力在直线拉升，则股价被快速拉升的几分钟内，成交量会表现出快速放大的趋势，成交量柱线明显长于其他时间段的柱线。如果最终股价能够被拉升至涨停板，则封上涨停的那根成交量柱线必然是极长的。

法因数控分时走势如图 6-15 所示。

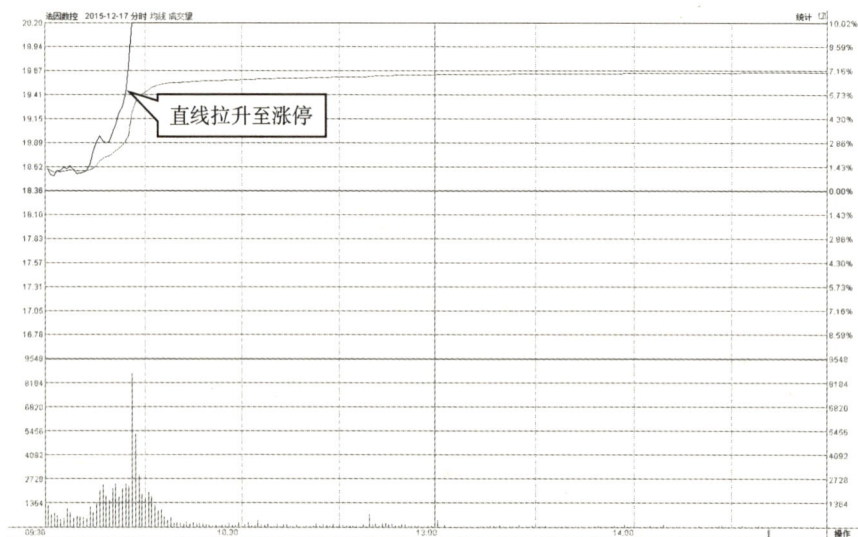

图 6-15　法因数控分时走势

如图 6-15 所示，2015 年 12 月 17 日，法因数控（002270）被直线拉升至涨停的过程中，其成交量迅速放大。特别是最终股价封上涨停板时，成交量柱线极长。这验证了主力正在大量买入股票，将股价强势向上拉升的信号。

如果主力选择稳健拉升股价的方法，那么在股价稳健上涨的过程中，市场上的成交量必然也会形成稳健放大的趋势。这说明随着股价上涨，越来越多的散户投资者正在追高买入股票，将股价持续向上拉升。只有在这种买盘的持续推动下，股价才能够形成持续上涨的趋势。

网宿科技分时走势如图 6-16 所示。

如图 6-16 所示，2015 年 9 月 28 日，网宿科技（300017）开盘后就被主力持续向上拉升。在拉升过程中，市场上的成交量也持续温和放大。这说明了随着股价上涨，越来越多投资者开始买入股票。最终

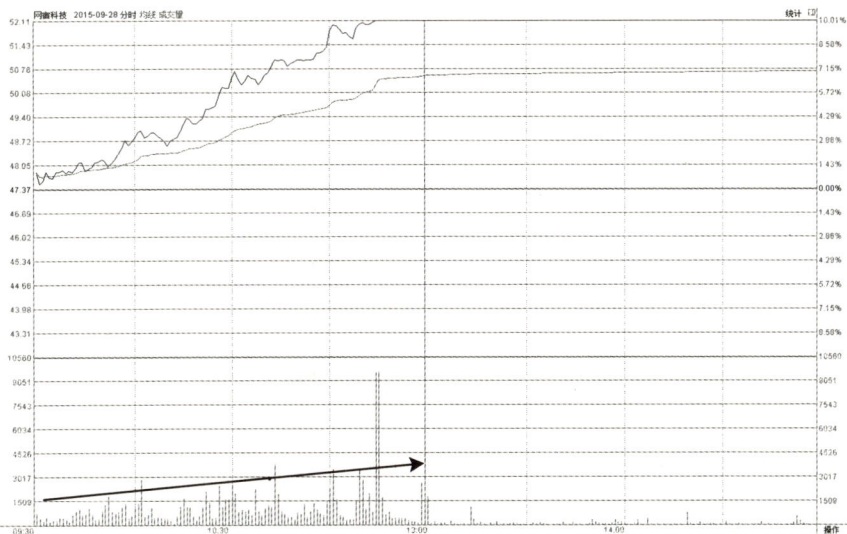

图 6-16　网宿科技分时走势

股价被持续拉升至涨停板。股价最终封上涨停时，该股的成交量也极度放大。

三、技术指标信号

主力拉升过程中的一个重要目标是要诱多，也就是诱骗散户投资者跟风买入股票。为了实现这样的目标，整个主力拉升过程中，无论是 K 线图还是分时图中的技术指标都会形成持续走强的趋势，不会形成明显的看跌信号。

即使主力在震荡拉升过程中将股价向下打压时，也只是会让指标小幅度地走弱，不会让指标完全走弱，让投资者普遍看空后市。

雄韬股份日 K 线如图 6-17 所示。

如图 6-17 所示，2015 年 4~5 月，雄韬股份（002733）主力在震荡式拉升过程中操纵股价回落，稳固市场筹码。这次股价回落的过程中，通过 MACD 指标可以看到，其中的两条曲线虽然在高位形成了一个死叉，不过 DIF 线持续回落时并没有跌破 0 轴。

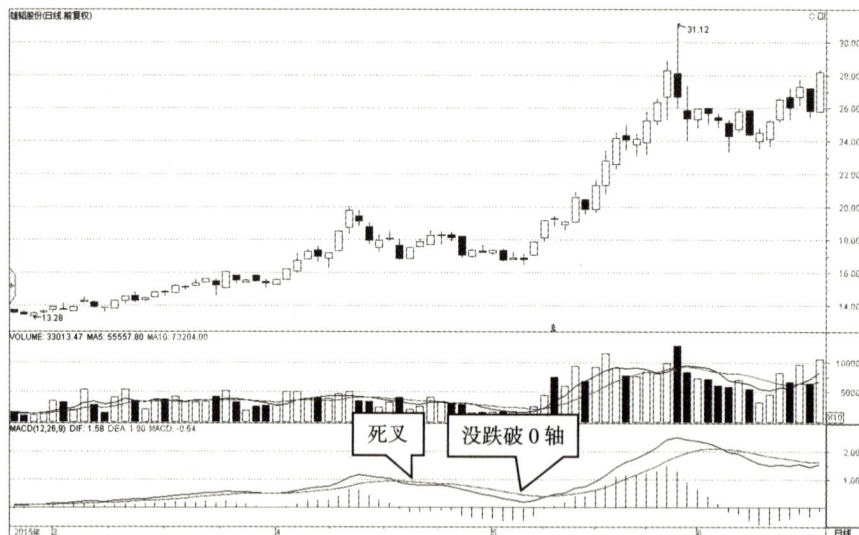

图 6-17　雄韬股份日 K 线

当 DIF 线回落至 0 轴附近后，主力为了避免下跌行情造成市场上投资者普遍恐慌，于是就将股价继续向上拉升，DIF 线也因此而见底反弹。

西水股份分时走势如图 6-18 所示。

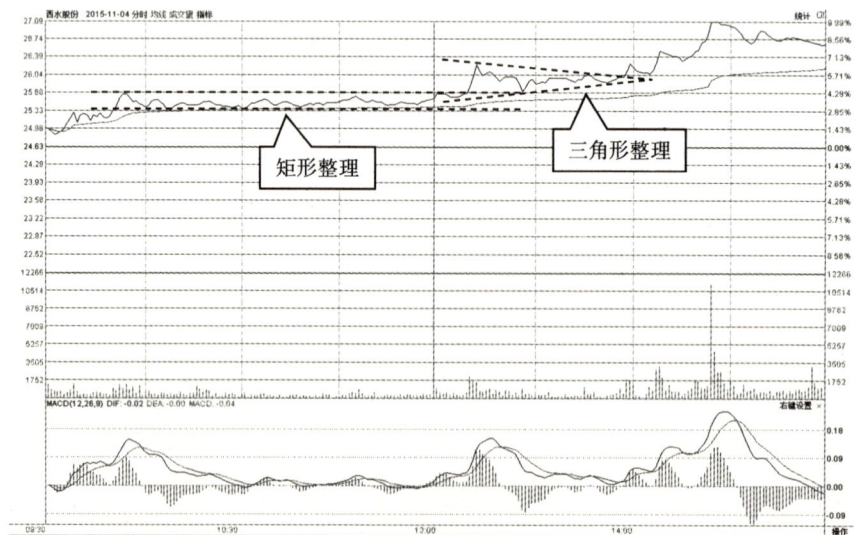

图 6-18　西水股份分时走势

如图 6-18 所示，2015 年 11 月 4 日，西水股份（600291）的主力使用阶梯式拉升的方法将股价向上拉升。每次股价横盘整理过程中，MACD 指标都会走弱，其中的两条曲线会形成死叉形态并持续回落。不过其中的 DIF 线每次回落至 0 轴附近都能够获得较强的支撑，结束回落走势。这样的形态说明主力为了继续将股价向上拉升，并没有让指标走弱的想法。

看到这样的形态后，市场上的散户投资者不会陷入恐慌，因此会在主力继续拉升时买入股票，协助主力完成拉升的过程。

四、市场反应信号

主力拉升的过程中，整个市场上的所有投资者会形成普遍看涨的氛围。无论在股票论坛还是炒股聊天群里，投资者都会对后市行情极度看好。喜欢技术分析的投资者会认为该股技术指标持续走强，未来能够持续上涨。喜欢基本面分析的投资者同样会认为该股的基本面正在越来越好，将会有长期上涨的走势。

在这种普遍乐观的氛围下，会有越来越多投资者持续买入股票，将股价向上推升。

第七章 主力洗盘阶段的盘口动向

主力每拉升股价一段时间后，市场上就会聚集大量的获利筹码。那些低位买入的投资者因为上涨行情的关系，已经获得了巨大利润空间。此后如果股价继续上涨，他们认为自己的盈利达到了预期，就会抛出股票。到时候这些抛盘会给股价形成巨大的压力，影响主力的操作计划。

因此，主力每将股价拉升一段时间，发现过去获利的投资者有抛出股票的倾向时，就会进行洗盘操作。所谓洗盘，也就是主力通过主动操作，让过去获利的投资者在主力设计好的价位区间内抛出股票，同时吸引新的投资者买入，抬高市场上所有投资者的平均持股成本。这样当主力继续将股价向上拉升时，股价上涨遇到的阻力就会大大减轻。

第一节 主力洗盘的目标

主力洗盘的目标是要让持股意愿不强的投资者抛出股票，同时吸引另一批新的散户投资者买入股票。这样就可以减轻未来将股价继续向上拉升所面临的抛盘压力，推动整个市场进入持续的上涨行情中。

一、洗清前期获利筹码

主力洗盘的首要目标是要洗清前期的获利筹码。这些投资者因为之前的持续上涨行情，已经获得了巨大收益，此时有抛出股票的倾向。主力打压股价进行洗盘就可以让这些投资者担心失去已经获得的利润，纷纷卖出股票，避免未来他们对股价上涨形成太大压力。

兰石重装日 K 线如图 7-1 所示。

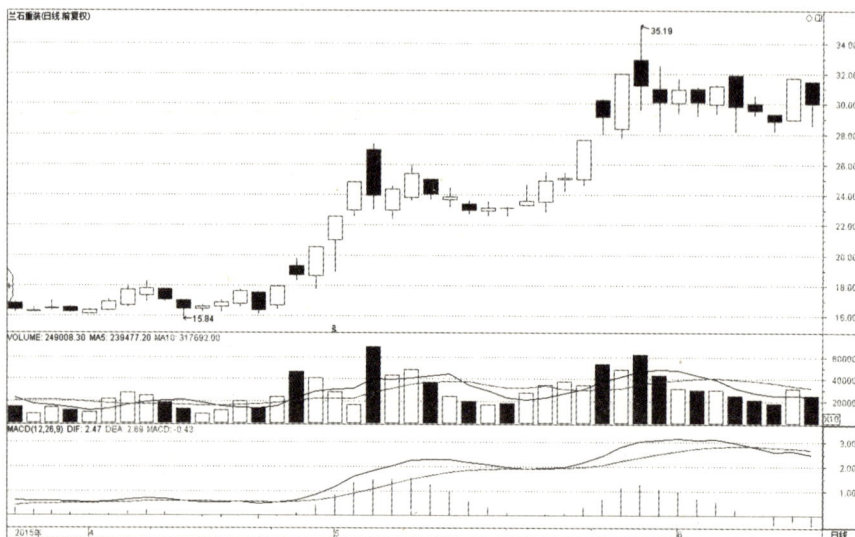

图 7-1　兰石重装日 K 线

如图 7-1 所示，2015 年 5 月 8 日，兰石重装（603169）股价快速上涨至高位后，积累了大量浮动筹码。此时主力开始将股价持续向下打压，进行洗盘操作。看到股价上涨遇阻后回落，前期已经获利且持股意愿不强的投资者就会抛出手中的股票。

从成交量看，洗盘第一天成交量大幅放大，这就是获利筹码大量涌出造成的。随后几日成交量持续萎缩，这说明抛出股票的投资者数量越来越少，市场筹码得到了稳固。

二、洗清上方套牢筹码

股票历史上，如果在某个价位区间内长期横盘整理，那么这个区间内往往会积累大量的套牢筹码。随后的行情中，如果股价上涨至这个套牢区间附近，套牢筹码有了解套的希望，就会大量抛出股票，对股价上涨形成较大压力。

面对这样的套牢筹码压力，主力有时会强势推动股价上涨，冲破压力位。另一些时候，主力则会操纵股价在套牢区域下方持续回落，进行洗盘操作。这些被套牢的投资者看到即将解套的希望破灭，就会纷纷抛出手中的股票，主力则可以借机在下方消化套牢筹码，实现洗盘的目标。

匹凸匹日 K 线如图 7-2 所示。

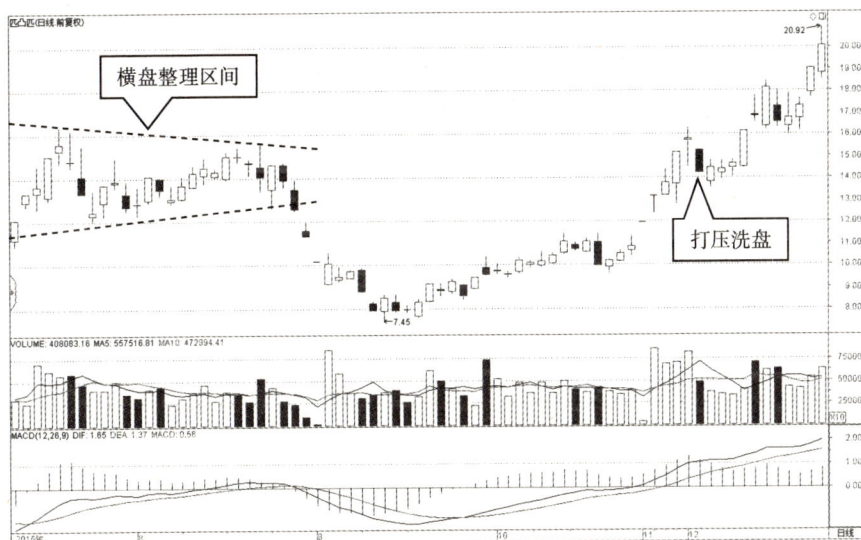

图 7-2　匹凸匹日 K 线

如图 7-2 所示，2015 年 7~8 月，匹凸匹（600696）股价在 13~15元的区间内持续横盘震荡。这个过程中有大量投资者买入股票。随后股价下跌时，他们纷纷被套牢在高位。

12 月初，当股价持续上涨至这个价位区间后，遇到了巨大阻力。此时主力自己开始操纵股价回落进行洗盘。看到股价下跌，被套牢的投资者纷纷抛出股票。主力消化掉上方的抛盘压力后，开始将该股持续向上拉升。

三、收集市场浮动筹码

如果主力洗盘的时候认为自己手中的筹码还不够多，会借助洗盘过程中的大量恐慌性抛盘在底部持续买入股票，收集市场筹码来巩固自己的仓位水平。

四、重新凝聚市场人气

主力洗盘的目标是要巩固市场筹码，为之后的拉升做准备。因此，洗盘时为了之后的拉升行情考虑，不会让投资者产生大范围内的恐慌。而且到洗盘结束后，主力还会将股价向上拉升，让散户投资者对后市重新燃起希望，凝聚市场人气，为之后真正的拉升做好铺垫。

蒙草抗旱日 K 线如图 7-3 所示。

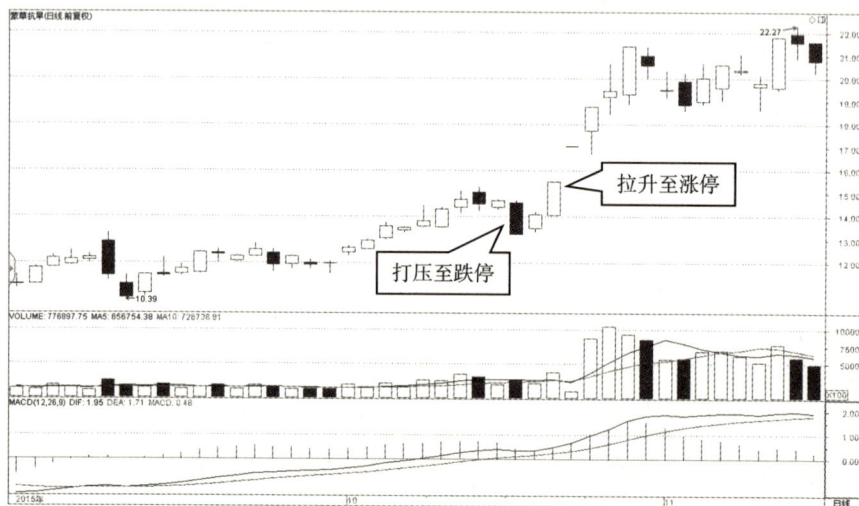

图 7-3　蒙草抗旱日 K 线

如图 7-3 所示，2015 年 10 月，蒙草抗旱（300355）股价上涨至高位后，主力开始打压股价进行洗盘。10 月 21 日，股价被主力持续打压至了跌停价位。这种强势跌停的行情虽然能够起到洗盘的效果，不过也会造成市场上的散户投资者普遍恐慌。

为了避免恐慌气氛在市场上蔓延，主力打压股价跌停后马上就开始将股价向上拉升，并且隔一个交易日后就将股价强势拉升至涨停板。借助这个涨停，散户投资者的做多热情再次被调动起来，主力也就顺势开始了随后的拉升行情。

第二节　分时图识别主力洗盘信号

根据洗盘的目标不同，主力会进行不同时间规模的洗盘操作。有的洗盘操作会持续几周甚至几个月，有的洗盘操作则仅仅持续几分钟。例如我们前边几章讲到的阶梯式拉升、震荡式拉升等操作。虽然分时图中主力整体的目标是要拉升股价，不过拉升的过程中就穿插了一次或者几次短时间内的洗盘。

根据洗盘最终要达成的目标不同，主力洗盘时所采用的具体操盘手法也有所不同。具体来说，主力洗盘的操盘手法主要有以下几种：

一、打压洗盘的分时信号

打压洗盘是一种最简单、有效且最常用的洗盘方法。具体方法是主力在短期内抛出大量股票，将股价快速向下打压，让持股的投资者发生损失或者利润缩水。看到股价快速下跌，这些投资者就会陷入恐慌，纷纷抛出股票，主力也就实现了洗盘的目的。

经过打压后，主力很快会将股价向上拉升。看到股价上涨，就会有新的投资者追高买入，帮助主力完成之后的拉升行情。

太空板业分时走势如图 7-4 所示。

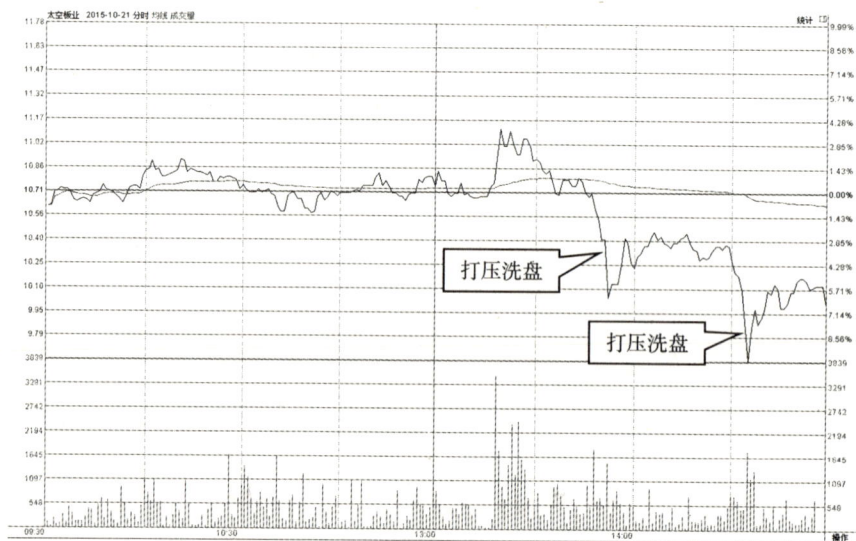

图 7-4　太空板业分时走势

如图 7-4 所示，2015 年 10 月 21 日，太空板业（300344）上涨至高位后并没能延续之前的上涨趋势。当日下午，股价还被主力持续向下打压。看到股价快速下跌，很多散户投资者害怕失去前期已经获得的收益，就会纷纷卖出手中的股票，主力也就实现了洗盘的目标。

旋极信息分时走势如图 7-5 所示。

如图 7-5 所示，2015 年 9 月 25 日，旋极信息（300324）股价经过开盘阶段的横盘整理后开始持续下跌。在下跌过程中很多投资者对后市行情失去了希望，纷纷抛出股票，主力也就实现了洗盘的目标。

当日下午收盘前，股价经过底部整理后再次被向下打压。这是主力再一次打压股价洗盘的标志。

图 7-5　旋极信息分时走势

二、横盘洗盘的分时信号

主力的洗盘操作不一定非要打压股价才能进行。有时，主力会操纵股价持续在一个比较小的价格区间内横盘整理。看到股价横盘，没有继续上涨的希望，原本获利的投资者就会逐渐失去继续持股的耐心，纷纷抛出股票。

在横盘接近尾端时，如果主力认为洗盘的效果不理想，还可以操纵股价跌破横盘区间，形成未来股价结束横盘将要下跌的形态，从而完成进一步的洗盘操作。

初灵信息分时走势如图 7-6 所示。

如图 7-6 所示，2015 年 11 月 10 日，初灵信息（300250）开盘后持续横盘整理，形成横盘洗盘的区间。这个过程中很多散户投资者会逐渐失去耐心，抛出股票。

当日上午收盘前，主力认为洗盘的效果不理想，于是将股价向下打压。整个下午，股价都在更低的价位区间内横盘震荡。当股价在低

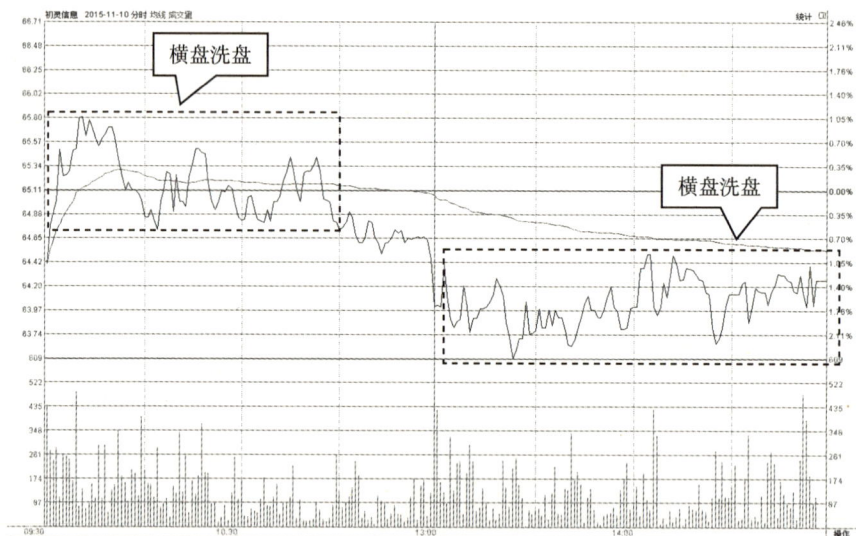

图7-6 初灵信息分时走势

位横盘整理时，继续有投资者抛出股票。

当主力操纵股价横盘进行洗盘的同时，如果当日整个市场大幅上涨，则投资者会更加看空该股未来的发展，纷纷抛出股票，主力的洗盘效果也就会更加明显。

雷曼股份分时走势如图7-7所示。

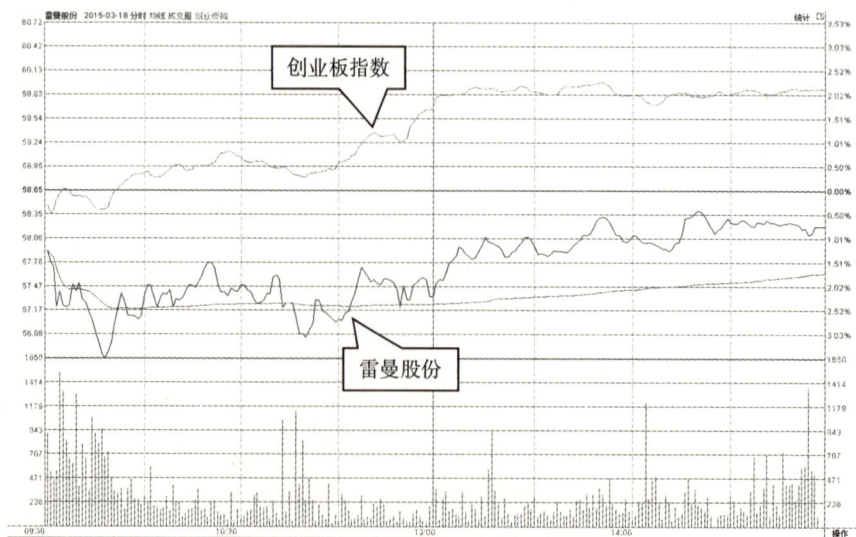

图7-7 雷曼股份分时走势

如图 7-7 所示，2015 年 3 月 8 日，整个创业板指数在上午持续上涨的同时，雷曼股份（300162）的股价却在低位持续横盘震荡。通过这样的整理形态，持有该股的投资者看到整个市场上所有股票都在上涨，只有自己的股票不涨，就会逐渐失去持股耐心，不愿再持有股票。当他们最终失去耐心卖出时，主力也就实现了洗盘的目标。

三、震荡洗盘的分时信号

当主力进行洗盘操作时，如果投资者持股信心非常坚决，只是简单打压股价无法起到洗盘效果，主力又不能将股价无限向下打压，这样的情况下，主力为了实现洗盘的目标，会在一个价位区间内操纵股价反复震荡。

股价每次上涨到同一个价位都遇到巨大阻力，快速下跌。之后虽然能够反弹，不过反弹也很快就结束，股价开始继续下跌。一旦这样的震荡形态反复出现，即使持股意愿坚决的投资者也不会再继续持股，纷纷抛出股票，主力就可以实现更加彻底的洗盘效果。

这种震荡洗盘的方式可能会持续几个交易日，也可能会在一个交易日内通过反复震荡的形态来完成。

文化长城分时走势如图 7-8 所示。

如图 7-8 所示，2015 年 3 月 30 日，文化长城（300089）股价高开后迅速下跌，下跌至底部后又快速反弹。当日盘中股价反复震荡。经过这样的快速波动，市场上的散户投资者会逐渐失去持股信心，纷纷抛出手中的股票，主力也就实现了洗盘的目标。

科迪乳业分时走势如图 7-9 所示。

如图 7-9 所示，2015 年 10 月 21 日，科迪乳业（002770）开盘后经过长时间的横盘整理。在横盘过程中，散户投资者会逐渐丧失信心，抛出手中的股票。

图 7-8　文化长城分时走势

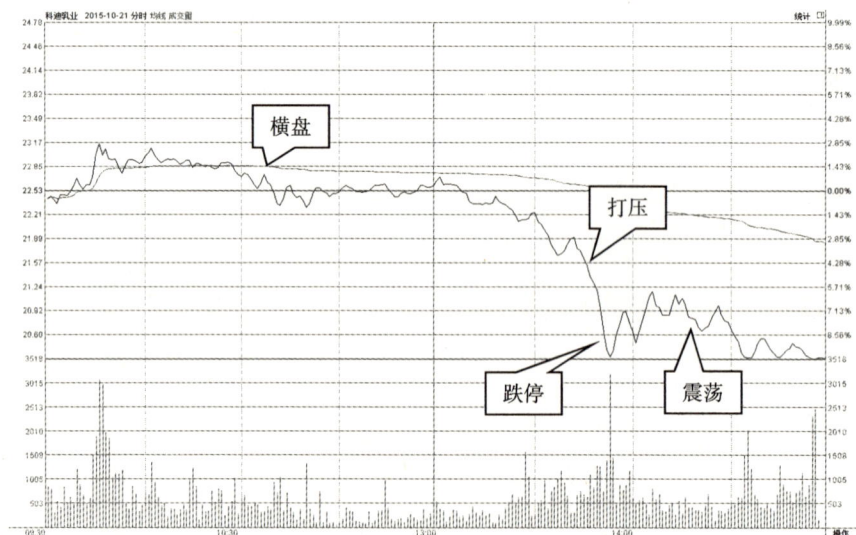

图 7-9　科迪乳业分时走势

下午开盘后，股价被强势向下打压。这种打压会造成投资者恐慌，主力借机进一步实现洗盘的目标。

当股价下跌至跌停价位后，获得较强支撑，快速反弹。不过反弹没能持续太长时间，随后股价很快就再一次被打压至跌停板上。经过

这样在跌停板上的震荡后，即使是持股意愿非常坚定的投资者也会丧失信心，抛出手中的股票，主力也就实现了洗盘的目标。

四、挖坑洗盘的分时信号

挖坑式洗盘是打压式洗盘的一种变形手法。经过打压后，一部分投资者看空后市卖出，同时还会有另一部分投资者对后市仍抱有一定的希望，保持观望态度。这样的情况下，主力就会操纵股价在底部横盘整理一段时间。这些保持观望的投资者看到股价虽然结束了下跌，但一直无法上涨，就会逐渐失去持股耐心，抛出股票。主力也就实现了更好的洗盘效果。

这种打压后操纵股价在底部横盘洗盘，随后再将股价拉升的手法，会在走势图上留下一个"坑"的形态，因此被称作是挖坑式洗盘。

冀凯股份分时走势如图 7-10 所示。

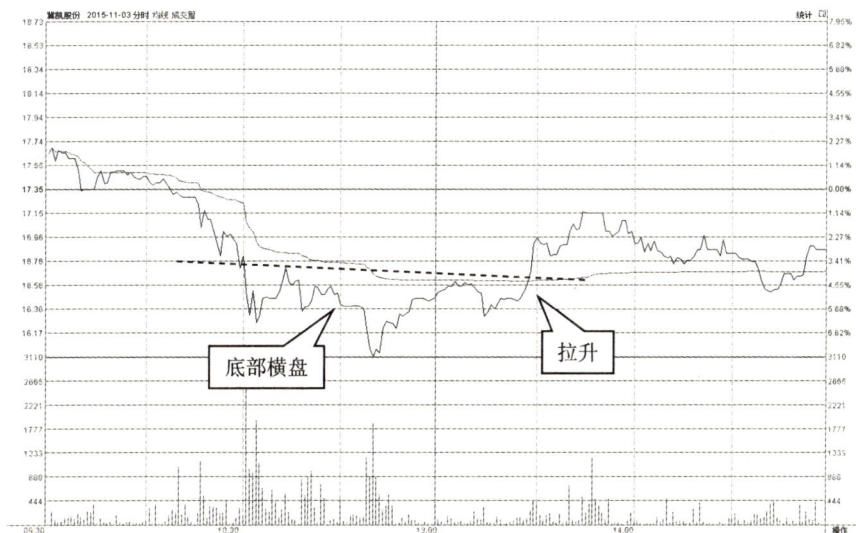

图 7-10　冀凯股份分时走势

如图 7-10 所示，2015 年 11 月 3 日，冀凯股份（002691）下跌至底部后，并没有继续下跌或者被向上拉升，而是在底部区域内持续横盘震荡。经过这样的震荡行情，想要对后市继续观望的投资者也会逐渐对未来的走势失去信心，纷纷抛出手中的股票。主力此时可以更加彻底地实现洗盘的目的。

当股价在底部持续震荡整理，形成一个头肩底形态后，主力开始将股价向上拉升，填平了这个洗盘的"坑"。

有时候分时图中洗盘时所形成的"坑"当日无法填平，主力会在随后一个交易日，甚至几个交易日后，才将股价向上拉升。股价在底部区域内横盘整理的时间越长，散户投资者的耐心就会被消耗得越严重，主力洗盘的效果也就越彻底。

步森股份分时走势 1 如图 7-11 所示。

图 7-11　步森股份分时走势 1

如图 7-11 所示，2015 年 10 月 21 日，步森股份（002569）股价经过持续横盘后，被向下打压。当股价被打压至低位后，开始在底部横盘震荡。震荡过程中，市场上的散户投资者会逐渐失去对未来行情的信心，卖出股票，主力也就实现了洗盘的目标。

当日收盘前，主力并没有拉升股价。

步森股份分时走势 2 如图 7-12 所示。

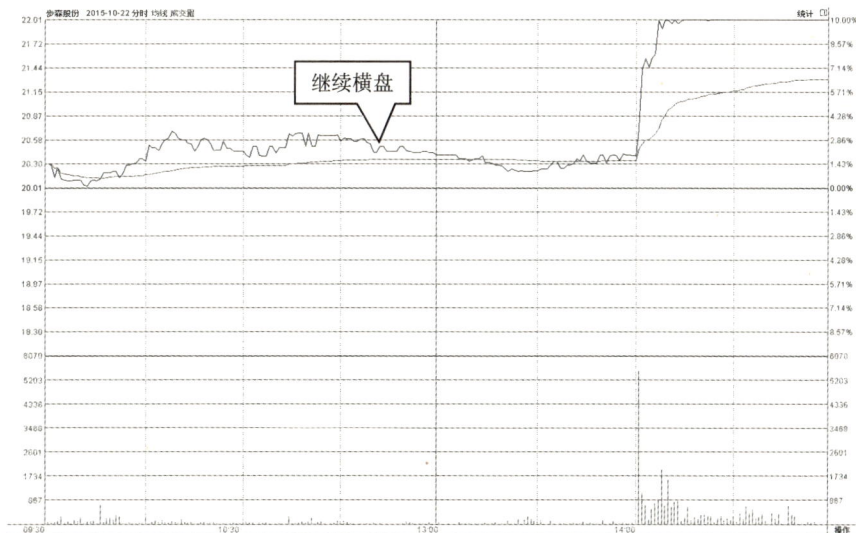

图 7-12 步森股份分时走势 2

如图 7-12 所示，随后一个交易日，股价继续被主力操纵，在底部横盘整理。整理过程中，散户投资者逐渐失去了持股耐心，卖出手中的股票。直到当日下午收盘前的一小时，主力才将股价直线向上拉升，结束了这次挖坑洗盘的行情。

五、滞涨洗盘的分时信号

主力洗盘时，不仅打压和横盘能起到作用，有时候主力拉升股价同样可以起到洗盘的效果。当股价在主力的拉升下上涨至高位后，如果在高位形成了明显的滞涨见顶信号，前期上涨过程中获利的投资者害怕失去刚刚获得的利润，就会抛出手中持有的股票。此时主力也就实现了自己洗盘的目标。

杰赛科技分时走势如图 7-13 所示。

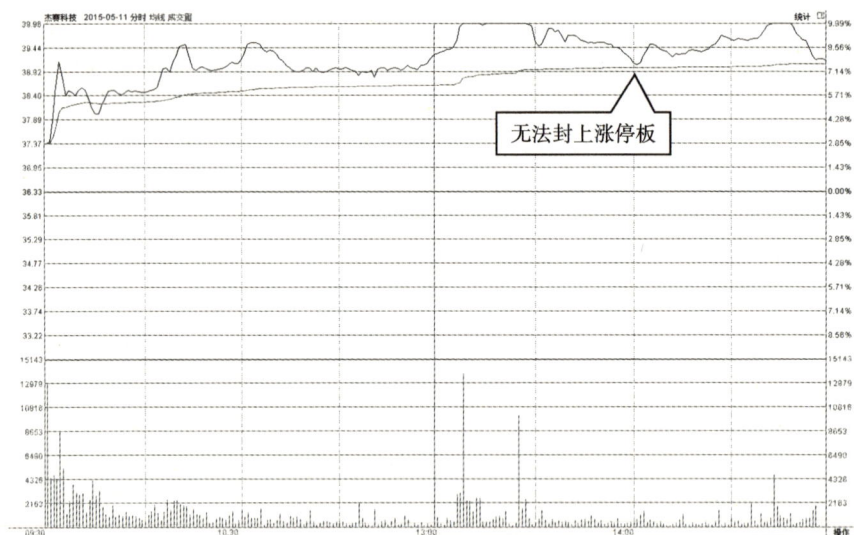

无法封上涨停板

图 7-13 杰赛科技分时走势

如图 7-13 所示，2015 年 5 月 11 日，杰赛科技（002544）股价盘中强势上涨。最终上涨至涨停价位附近后，一直无法牢牢封住涨停板，多次封上涨停板都被打开，并且最终也没能以涨停的价格收盘。这样的形态说明该股上涨后遇到了巨大阻力，是上涨能量不足的信号。看到这个信号，很多投资者会对未来行情失去信心，纷纷在高位抛出股票，主力也就实现了洗盘的目标。

海立美达分时走势如图 7-14 所示。

如图 7-14 所示，2015 年 4 月 13 日，海立美达（002537）持续上涨至高位后，在最后一次向上冲高时，成交量明显不足。并且股价上涨至高位后也没能持续上涨，而是形成了一个三重顶形态后开始回落。这样的形态说明拉升股价的多方力量不足，股价有见顶下跌的趋势。很多投资者会在股价见顶回落的过程中抛出股票，主力也就实现了自己的洗盘目标。

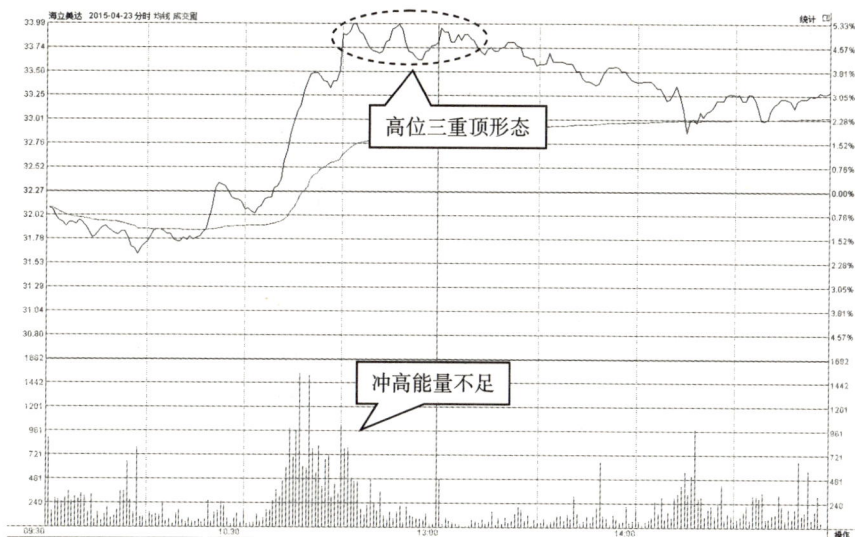

图 7-14 海立美达分时走势

第三节 主力洗盘的其他信号

主力洗盘时，可能在一个交易日内就完成，也可能持续比较长的时间，如果主力洗盘的持续时间很长，我们单纯通过分时图判断洗盘就比较片面，这时需要结合其他走势信号来做判断。

一、K 线走势信号

主力洗盘时，一方面要让持股意愿不强的投资者抛出股票，另一方面为了随后的行情考虑，又不会在市场上制造大范围的恐慌。因此在 K 线形态上，主力洗盘时往往会形成短期走弱的 K 线组合信号，又不会破坏 K 线整体上长期的上涨趋势。

雏鹰农牧日 K 线如图 7-15 所示。

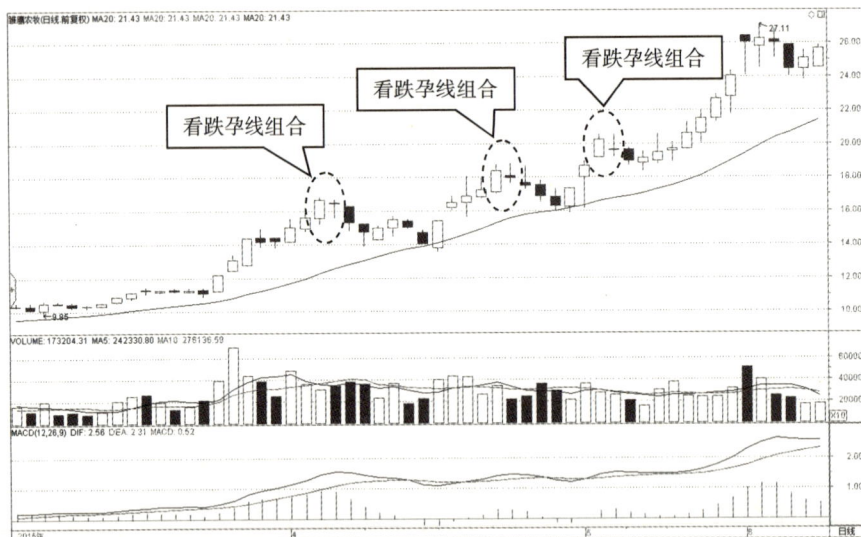

图 7-15 雏鹰农牧日 K 线

如图 7-15 所示，2015 年 4~5 月，雏鹰农牧（002477）股价多次被主力向下打压进行洗盘。每次洗盘开始时，股票的 K 线图中都会形成一个看跌孕线，并在之后一段时间持续下跌。看到这样的看跌 K 线组合，很多投资者会看空后市行情，纷纷卖出股票。

不过从另一方面可以看到，整个股价上涨过程中，一直沿着 20 日均线持续上涨，从来没有跌破 20 日均线的持续上涨趋势。这样就可以给散户投资者足够的持股信心，不会造成大范围的恐慌性抛售行情。

二、成交量信号

当主力洗盘时，会吸引大量投资者抛出股票，因此在主力洗盘的开始阶段，必然会伴随着成交量的持续放大。之后随着洗盘过程推进，市场上的筹码逐渐稳固，抛出股票的投资者也会越来越少。因此到洗盘行情的尾端，成交量会显示出逐渐萎缩的趋势。一旦这种萎缩的成交量再次放大，同时股价上涨，就是洗盘行情结束，股价开始被向上拉升的信号。

新文化日 K 线如图 7-16 所示。

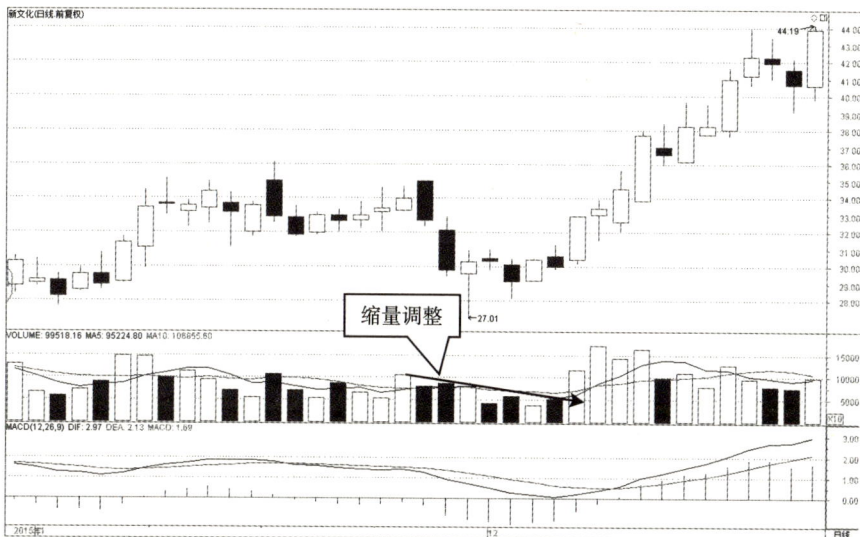

图 7-16　新文化日 K 线

如图 7-16 所示，2015 年 11 月底 12 月初，新文化（300336）股价被主力向下打压，进行挖坑式洗盘的操作。股价下跌至底部后持续横盘过程中，成交量逐渐萎缩。这说明一开始有大量浮动筹码涌出，之后随着洗盘进行，浮动筹码越来越少，筹码也逐渐稳固。随后当股价被向上拉升时，标志着放量上涨行情展开。

从该股的分时图走势里，我们也能看到这种先放量后缩量的趋势。

新文化分时走势 1 如图 7-17 所示。

如图 7-17 所示，11 月 27 日，股价在盘中被持续向下打压的过程中，成交量也持续放大。这说明下跌行情引发了投资者普遍恐慌，越来越多人开始抛售股票。

新文化分时走势 2 如图 7-18 所示。

如图 7-18 所示，12 月 4 日，当股价再次被向下打压时，成交量显示出逐渐萎缩的趋势。这说明此时的筹码已经稳固，很少有投资者因为下跌行情而陷入恐慌，卖出手中的股票。这样的情况下，股价已

图 7-17　新文化分时走势 1

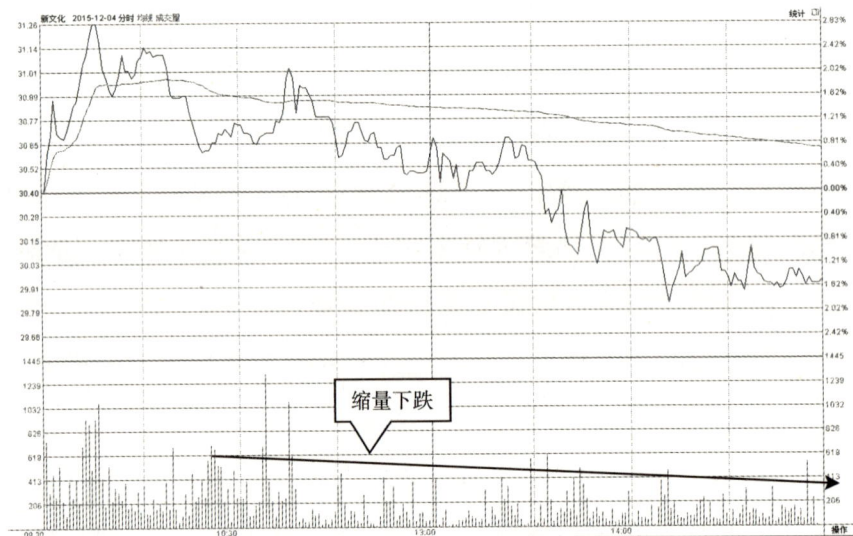

图 7-18　新文化分时走势 2

经有了被向上拉升的条件。

三、技术指标信号

主力洗盘时的技术指标与 K 线图指标类似，都会在短时间内形成

看跌的指标信号。不过从长期指标趋势考虑，洗盘并不会使指标的长期趋势变坏，造成整个市场的恐慌。

迪安诊断日 K 线如图 7-19 所示。

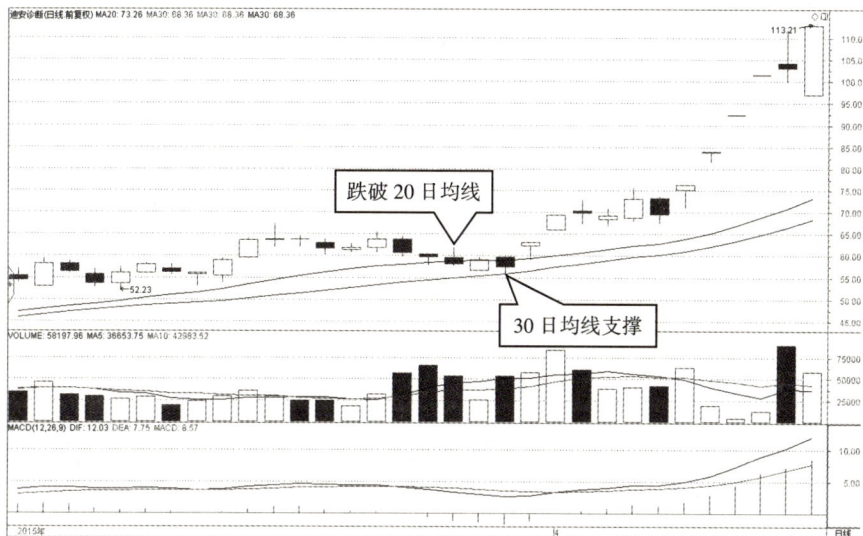

图 7-19 迪安诊断日 K 线

如图 7-19 所示，2015 年 3 月底，迪安诊断（300244）的主力操纵该股持续下跌进行洗盘操作。当股价跌破 20 日均线时，很多短线投资者会看空未来行情的发展，纷纷卖出股票。

不过随后股价下跌时，却在 30 日均线附近获得支撑。这样的形态会增强另一部分投资者的持股信心。他们会稳定持有股票，等待股价被主力继续向上拉升。

远方光电日 K 线如图 7-20 所示。

如图 7-20 所示，2015 年 4 月，远方光电（300306）的主力开始将股价持续向下打压进行洗盘操作。洗盘过程中，该股 MACD 指标的两条曲线在高位形成了死叉形态后并持续下跌。这样的高位死叉形成了一个短期的看跌信号，很多投资者会逢高卖出股票。

不过在随后的下跌趋势中，MACD 指标的 DIF 线并没有跌破 0 轴，

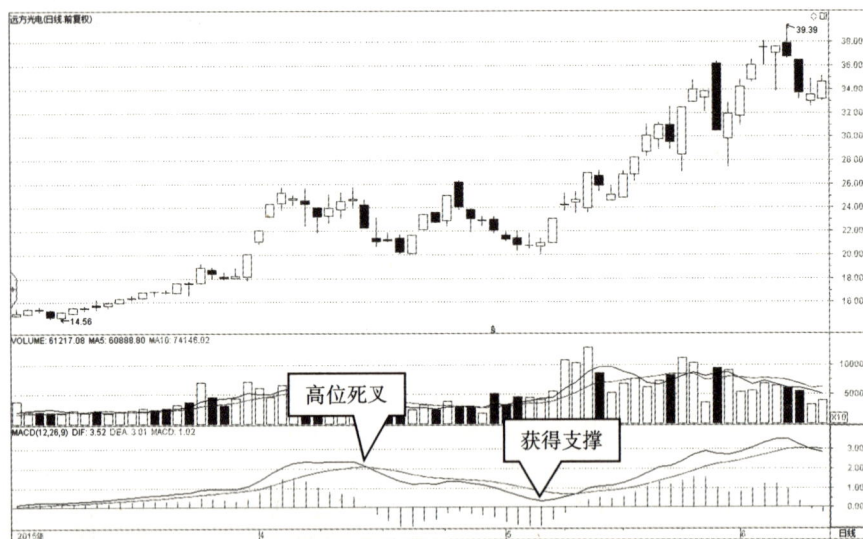

图 7-20 远方光电日 K 线

而是在 0 轴附近获得支撑后开始上涨。这说明该股持续的上涨趋势并没有改变。只要保持上涨趋势，就会有很多投资者坚定持有该股，等待后市的拉升行情。

四、市场反应信号

当主力洗盘时，会有很多投资者陷入短暂的恐慌之中，纷纷抛出股票。表现在股票论坛或者炒股聊天群中就有很多投资者对后市行情非常悲观。不过这些持有悲观观点的投资者多数是在做短线操作。当调整行情结束，股价被继续向上拉升时，他们会马上转而看好未来行情的发展，纷纷追高买入股票，成为主力将股价继续向上拉升的助力。

第八章　主力出货阶段的盘口动向

出货也就是主力最终将股票在高位卖出的过程。经过前期买入建仓、向上拉升等操作后，主力需要将股票卖出在拉升后的高位来进行出货的操作。

第一节　主力出货的目标

主力出货的目标首先是要把手中的所有股票抛出，另外还要保证这些股票卖出在高价。抛出股票必然会对股价造成压力，这与卖出在高价的目标是相背离的。为了同时实现这两个目标，主力出货时需要的操作就是诱多，也就是诱使更多散户投资者看多后市，买入股票。

一、卖出全部股票

主力出货时，需要将手中持有的股票全部抛出。因为主力持有的股票数量很多，集中抛售时必然会对股价形成巨大的压力。为了缓解这种压力，主力出货时会使用各种办法，诱使大量散户投资者跟风买入，使散户买盘多到足够承接主力的大量抛盘。

二、在高位卖出

主力出货时，另一个目标是要以尽量高的价格抛出股票，保证自己的盈利空间。如果股价在主力抛售时持续下跌，那么之前的拉升操作就没有意义了。

为了实现高位抛售的目标，主力同样需要诱使大量散户投资者跟风买入。因为此时主力以卖出操作为主，已经很少买入股票，同时还要大量抛出，只有在散户汹涌买入的情况下，市场上的买卖力量才能均衡，股价也才能够被保持在比较高的位置上。

数字政通日 K 线如图 8-1 所示。

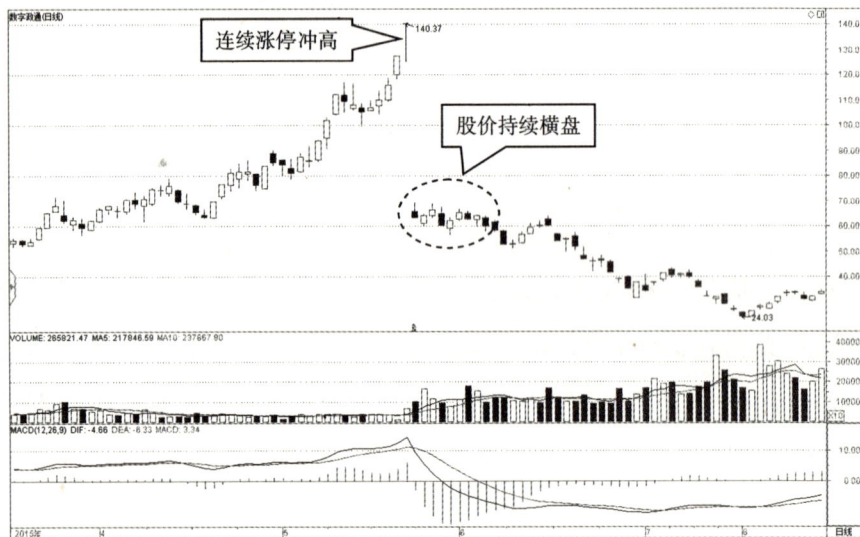

图 8-1　数字政通日 K 线

如图 8-1 所示，2015 年 5 月底，数字政通（300075）的主力借助"10 股转增 10 股，派现 1.00 元"的高比例分红政策，在高位将该股连续向上拉升，形成两个强势涨停板。看到这样的涨停形态，很多散户投资者误认为股价会持续上涨，于是纷纷追高买入股票。

等股价完成除权除息后，主力开始大量抛售股票出货。因为这个

过程中很多散户买入，所以股价没有因为主力大量抛售而下跌，而是形成了持续横盘的走势。

第二节 分时图识别主力出货信号

主力出货时的核心操作就是诱多，通过各种操作诱使散户投资者买入股票，为自己创造一个顺利出货的市场环境。为了达到这样的目标，主力在操盘时具体会选择以下几种操盘手法。

一、拉高出货的分时信号

拉高出货是一种非常常见的出货操盘手法。主力在出货前将股价持续向上拉升，最好能够形成一个强势上涨的技术形态，并配合一定的题材炒作。看到股价强势上涨，自然就会有大量投资者追高买入股票。而主力就可在这个过程中顺势抛售出货。

三聚环保日 K 线如图 8-2 所示。

如图 8-2 所示，2015 年 7 月 17 日，三聚环保（300072）股价经过一段强势拉升行情后，突破前期高点。此时整个市场正处于持续的下跌趋势中，该股的这种强势上涨形态可以让很多投资者对后市行情充满希望，纷纷在高位追高买入股票。主力则可以借助这些追高的买盘完成出货的操作。

三聚环保分时走势如图 8-3 所示。

如图 8-3 所示，当日股价冲高后，很快就上涨至涨停板附近。此时很多散户投资者看到股价强势上涨，害怕涨停后没有继续买入的机会，就纷纷追高买入股票，而主力则在高位大量抛出股票，完成出货。

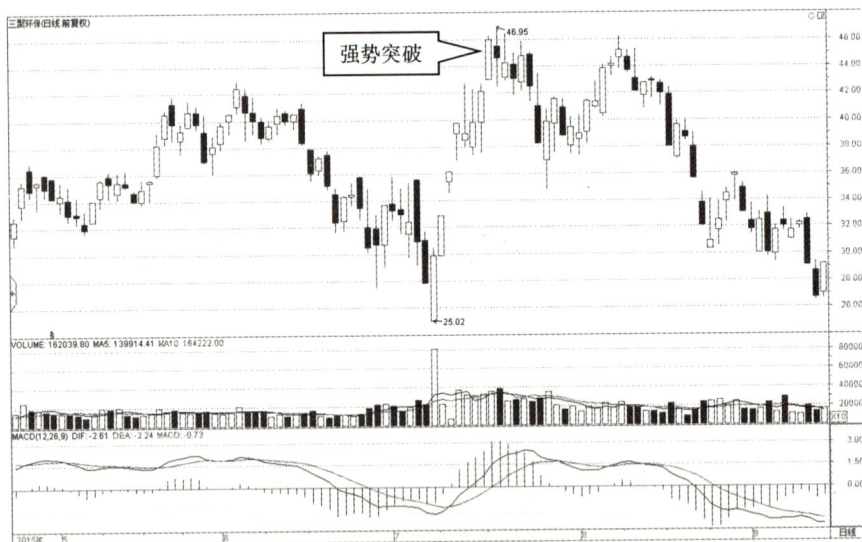

强势突破

图 8-2 三聚环保日 K 线

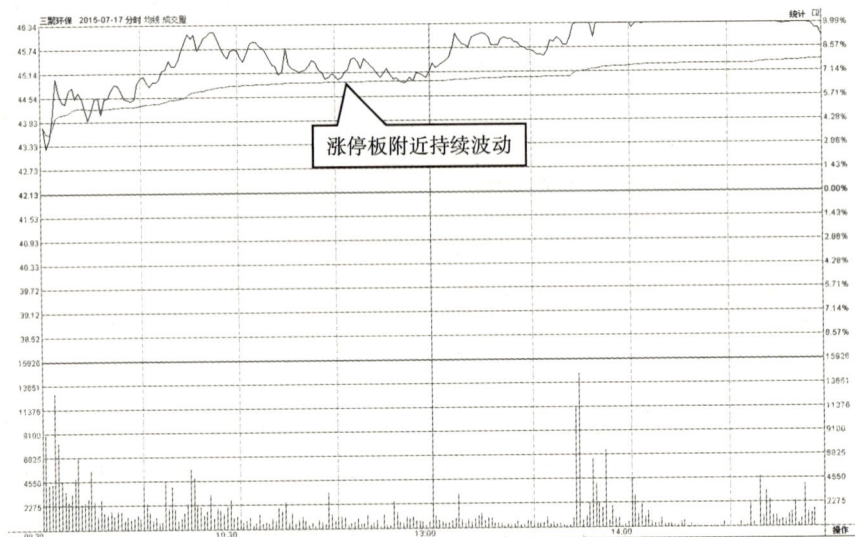

涨停板附近持续波动

图 8-3 三聚环保分时走势

整个交易日中，该股在涨停价位上的抛盘一直非常巨大。最终收盘前还被大笔卖单打压，导致涨停板被打开。

二、打压出货的分时信号

主力出货时，如果认为自己已经获得了足够大的利润空间，就会将股价向下打压进行出货。打压过程中，主力通过大量抛售，可以完成一定的出货任务。随后当股价被快速打压至低位后，会有投资者认为当前的股价已经很低，于是纷纷抄底买入股票。这些抄底买盘同样也会成为主力出货的对象。

南都电源日 K 线如图 8-4 所示。

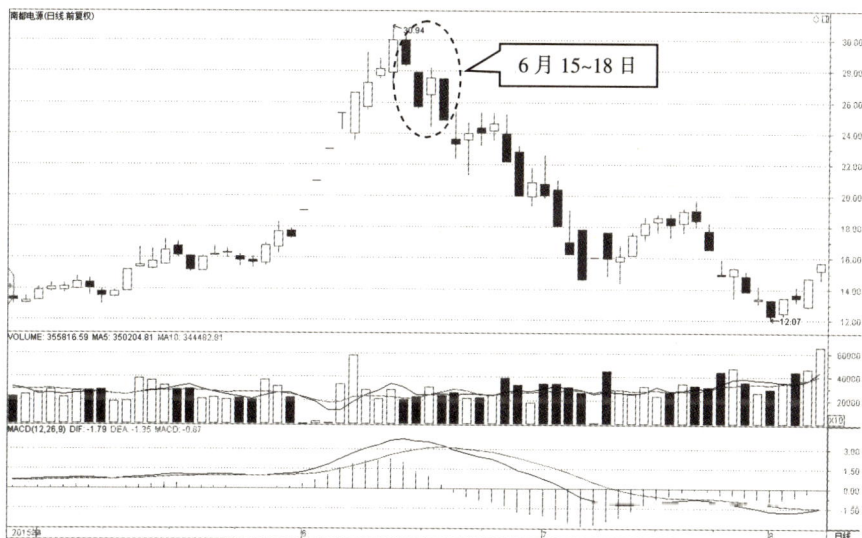

图 8-4　南都电源日 K 线

如图 8-4 所示，2015 年 6 月，南都电源（300068）强势上涨至高位后，低位买入该股的主力已经获得了足够的利润空间，于是选择在高位持续抛出股票进行出货。在主力抛出股票的过程中，股价受到了强力打压。

南都电源分时走势 1 如图 8-5 所示。

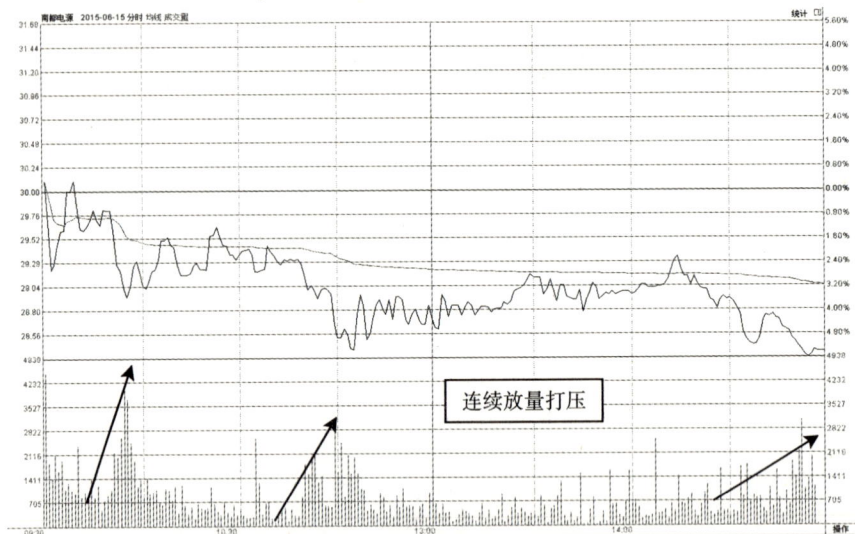

图 8-5　南都电源分时走势 1

　　如图 8-5 所示，6 月 15 日，股价被向下打压的过程中，每次下跌时成交量都会大幅放大。这是主力资金在打压过程中大量抛出股票的信号。

　　南都电源分时走势 2 如图 8-6 所示。

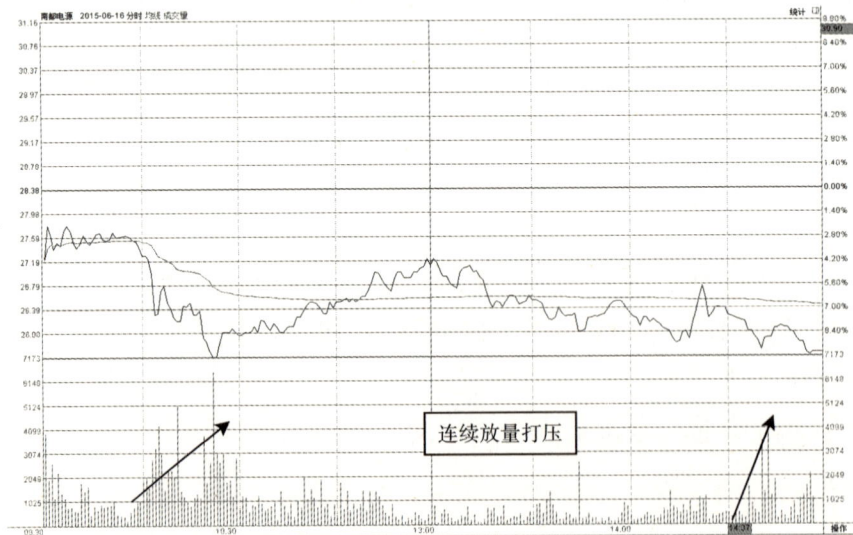

图 8-6　南都电源分时走势 2

如图 8-6 所示，6 月 16 日，股价在盘中继续持续下跌的走势。每次下跌时成交量同样大幅放大，主力在下跌过程中抛出了大量股票。

南都电源分时走势 3 如图 8-7 所示。

图 8-7　南都电源分时走势 3

如图 8-7 所示，6 月 17 日，股价下跌至低点后逐渐有抄底资金进入，形成了反弹的行情。经过前两日的恐慌式下跌，很多投资者此时误认为调整行情已经结束，上涨趋势还会继续，于是就在上涨过程中持续追高买入股票，股价也在他们的推动下持续上涨。最终上涨至了涨停价位上。

不过在涨停板上，主力开始再次大量抛出股票。该股在涨停价位附近反复震荡，放出巨大成交量，并且最终也没能成功封住涨停板。

南都电源分时走势 4 如图 8-8 所示。

如图 8-8 所示，6 月 18 日开盘后，当很多散户投资者因为前日的强势上涨行情而追高买入时，主力则继续大量抛出股票，将股价向下打压。经过半小时打压后，股价进入底部横盘行情。当日收盘前，股价再次被放量向下打压。此时主力已经完成了自己的出货操作。

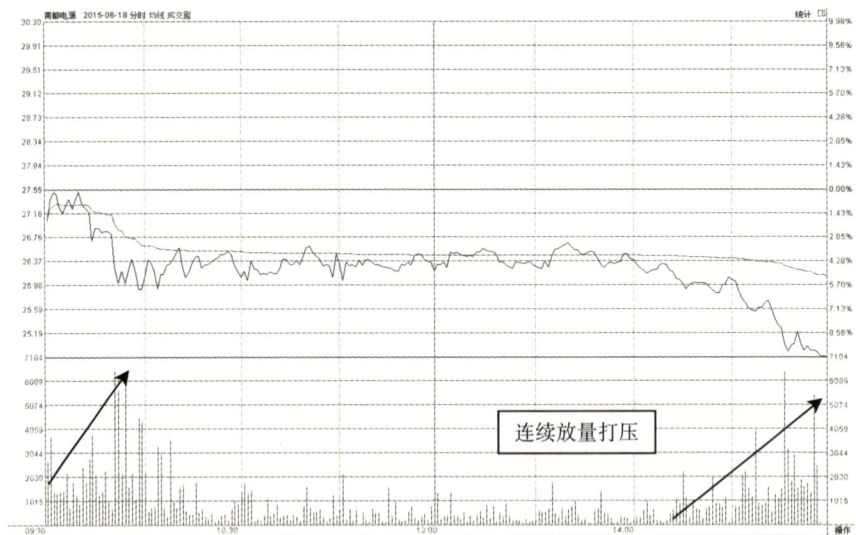

图 8-8　南都电源分时走势 4

三、打压后反弹出货的分时信号

这种出货方法是对于打压出货的一种改进形式。有时候，主力手中的筹码数量较多，只依靠向下打压无法吸引足够多的投资者买入股票，于是就会使用这种方法。

使用这种方法时，主力为了出货，首先会将股价向下打压，出掉一部分筹码。随后，当股价下跌至低点，获得抄底资金支撑时，主力就会顺势买入股票，将股价强势向上拉升。当股价能够突破下跌前的高点并创出新高时，就会有大量投资者确定上涨行情已经开始，追高买入股票。主力在此时就可以再次大量抛出股票，完成出货的操作。

三川股份日 K 线如图 8-9 所示。

如图 8-9 所示，2015 年 6 月，三川股份（300066）股价上涨至高位后，先是被主力向下打压进行出货。当股价下跌一段时间后，主力认为单凭打压难以完成出货目标，于是又将股价强势拉升，创出新高。借助此时追高买入的散户投资者，主力完成了继续出货的操作。

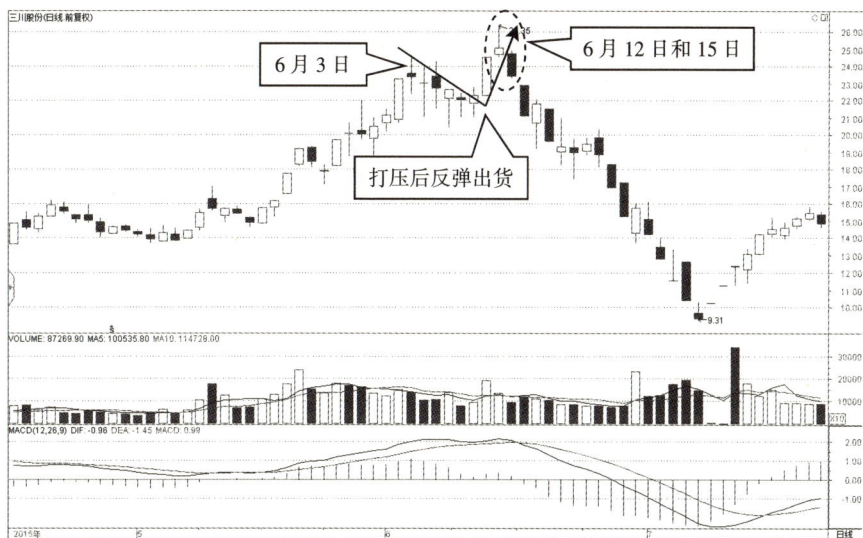

图 8-9 三川股份日 K 线

三川股份分时走势 1 如图 8-10 所示。

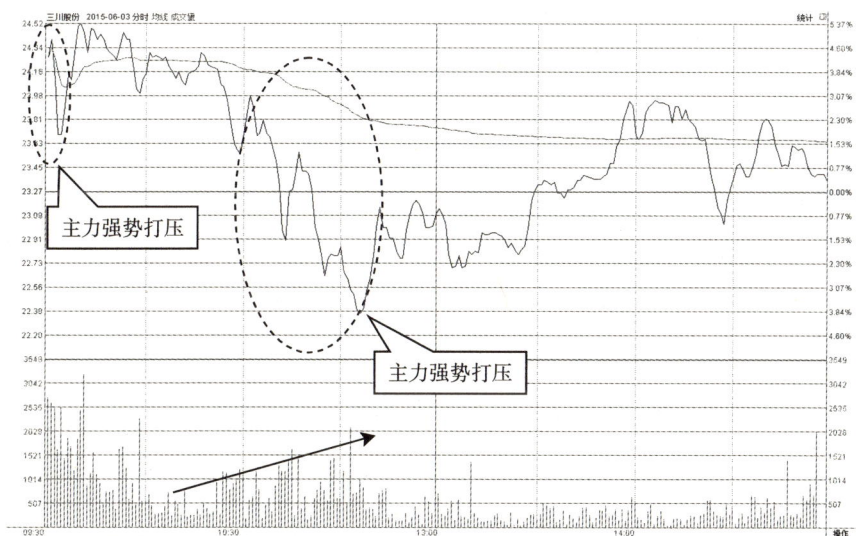

图 8-10 三川股份分时走势 1

如图 8-10 所示，6 月 3 日是股价在高位主力打压出货的第一天。这一天股价惯性高开后，被强势向下打压。打压过程中成交量大幅放大，主力在这个过程中抛出了大量股票。等打压行情结束后，股价持续反弹。不过反弹中的成交量很小，这明显是散户资金对行情的修复。

三川股份分时走势 2 如图 8-11 所示。

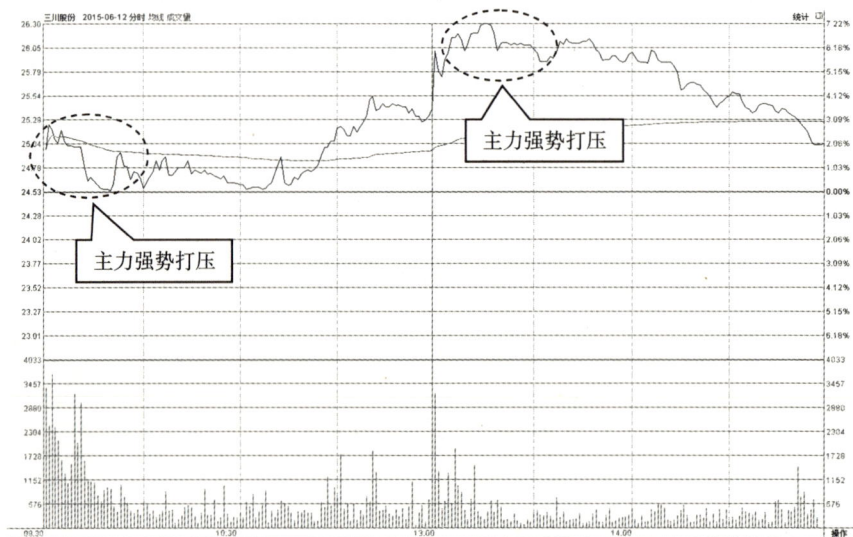

图 8-11　三川股份分时走势 2

如图 8-11 所示，6 月 12 日，很多散户投资者看到前日强势涨停的走势，都准备在当日开盘就追高买入股票。而这些追高买盘都在开盘阶段成为主力出货的目标。当日刚刚开盘，股价就被放量向下打压。

随后，股价在散户的推动下形成上涨行情。下午开盘后，股价在高位再次遭遇巨大的卖盘压力。主力继续在高位抛售自己的股票。

三川股份分时走势 3 如图 8-12 所示。

如图 8-12 所示，6 月 15 日，借助前两日上涨行情形成的买入人气，主力当日持续将股价向下打压，继续自己的出货操作。

四、震荡出货的分时信号

主力在打压出货时，中间可能会穿插拉升的操作，拉升出货时，中间同样会穿插打压操作。实际上，如果主力认为单独一次的拉升或者打压无法满足出货需要，就会将两者结合起来，在高位反复使用，

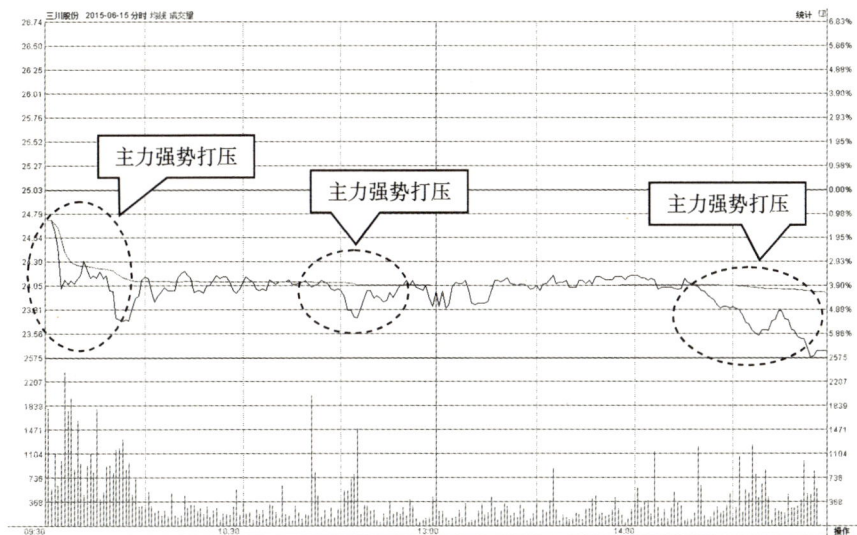

图 8-12 三川股份分时走势 3

操纵股价在比较长的一段时间内反复震荡。

每次主力将股价向上拉升时，都会有跟风买盘进入。而主力打压股价时，一方面可以抛出股票，另一方面又能吸引一定数量的抄底资金。经过这样在高位的反复震荡操作后，主力就可以逐渐抛出手中大量持有的股票，实现出货的目的。

世纪鼎利日 K 线如图 8-13 所示。

如图 8-13 所示，2015 年 5 月底至 6 月，世纪鼎利（300050）股价上涨至高位后，形成了一个菱形的整理区间。整理过程中，每次股价上涨时都能够吸引大量买盘跟风买入，主力可以顺势卖出股票出货。下跌时，主力又可以直接抛售股票进行出货操作。

世纪鼎利分时走势如图 8-14 所示。

图 8-14 是 6 月 3 日该股上涨至高位后创出阶段最高点时的分时走势。当日主力在盘中也运用了震荡出货的办法。

刚刚开盘时，很多散户追高买入，此时主力大量抛售股票。

随后当觉察到买盘不足后，主力又将股价拉升，继续培养追高

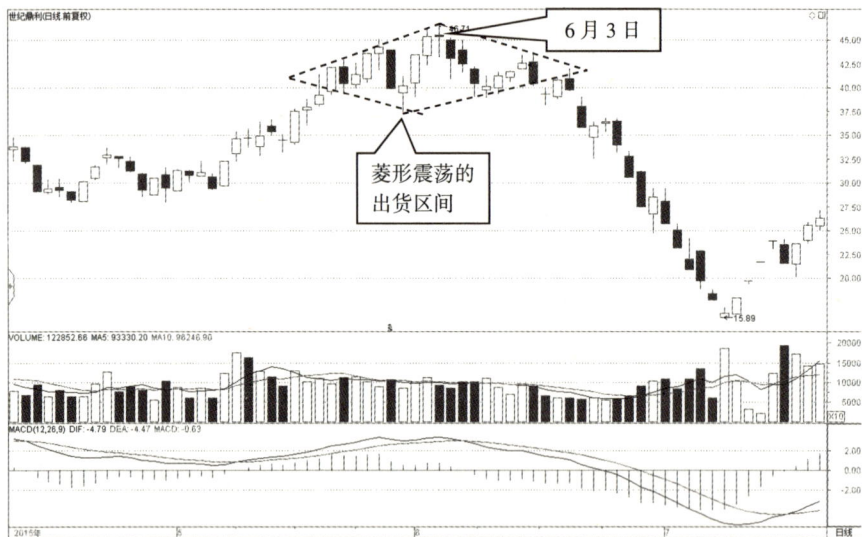

图 8-13　世纪鼎利日 K 线

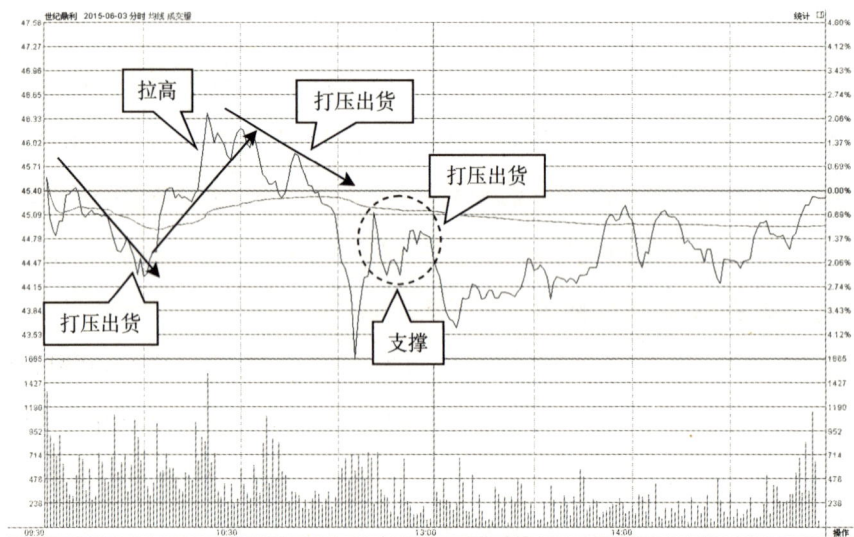

图 8-14　世纪鼎利分时走势

买盘。

当股价上涨至高位后，主力再次大量卖出股票出货。

当股价以直线下跌的形态下跌至低位时，为了避免散户陷入恐慌，主力再次买入股票，对股价形成支撑力量。

看到支撑力量，很多散户追高买入，这时主力又抛出股票出货。

第三节　主力出货的其他信号

主力出货时需要卖出大量股票，这种大量的抛售很难在一个交易日内就完成。因此除了分时图中的各种信号外，主力出货时还会在其他方面留下一些明显的信号。借助这些信号，我们能够明确了解主力出货的时机，并跟随主力一起卖出股票。

一、K线走势信号

当主力出货时，因为主力的大量抛盘，K线会显示出明显的上涨受阻趋势。不过主力为了顺利在高位卖出股票，并不会让股价遇阻下跌。整个出货过程中，K线仍然会保持持续上涨的形态，并且偶尔会形成看涨的K线组合形态。

中国铝业日K线如图8-15所示。

如图8-15所示，2015年5~6月，中国铝业（601600）股价上涨至高位后，在高位横盘整理的过程中主力完成了出货的操作。整个主力出货的过程股价上涨趋势遇到巨大阻力，不过也没有形成下跌趋势，而是在高位形成了一个三角形整理形态。

最终股价甚至对这个三角形上边线完成了突破。看到股价突破，很多散户投资者会认为上涨行情继续，纷纷买入股票，主力也就实现了出货的目标。

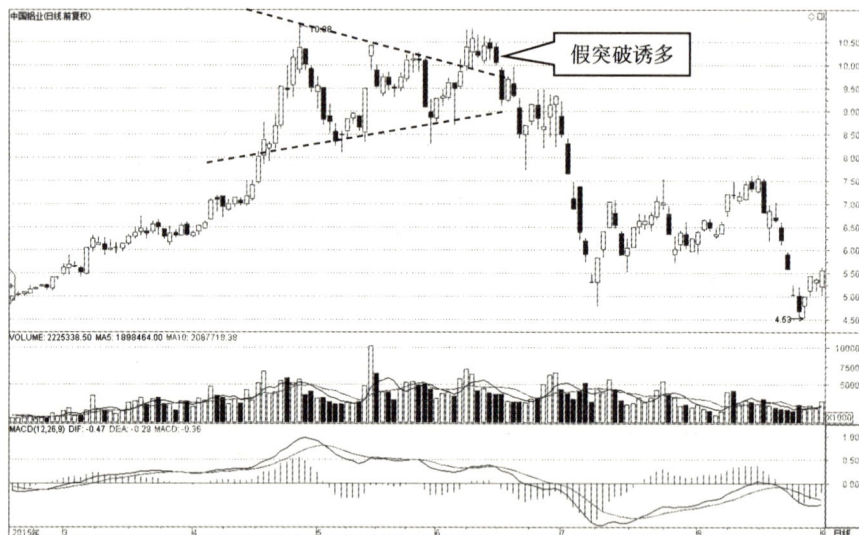

图 8-15　中国铝业日 K 线

二、成交量信号

主力出货时，为了避免散户投资者跟风卖出，会采用各种方法隐蔽自己的出货痕迹。不过无论主力怎样隐藏，只要是出货操作必然要卖出大量股票，也会造成整个市场的成交量持续放大。因此我们可以通过成交量指标追逐主力出货的信号。

当股价上涨至高位后，如果在 K 线图中某段时间内成交量大幅放大，并且股价有了明显上涨遇阻的迹象，则明显是有主力在抛售股票出货。

同样，当股价上涨至高位后，如果分时图中股价下跌时不断放出巨量，同样说明有主力正在大量抛出股票，将股价向下打压。

风范股份日 K 线如图 8-16 所示。

如图 8-16 所示，2015 年 5 月下旬，风范股份（601700）经过一段时间的高位横盘整理后，向上突破了前期横盘整理的高点。突破完成后的几个交易日，成交量虽然继续放大，不过上涨趋势却明显减缓。

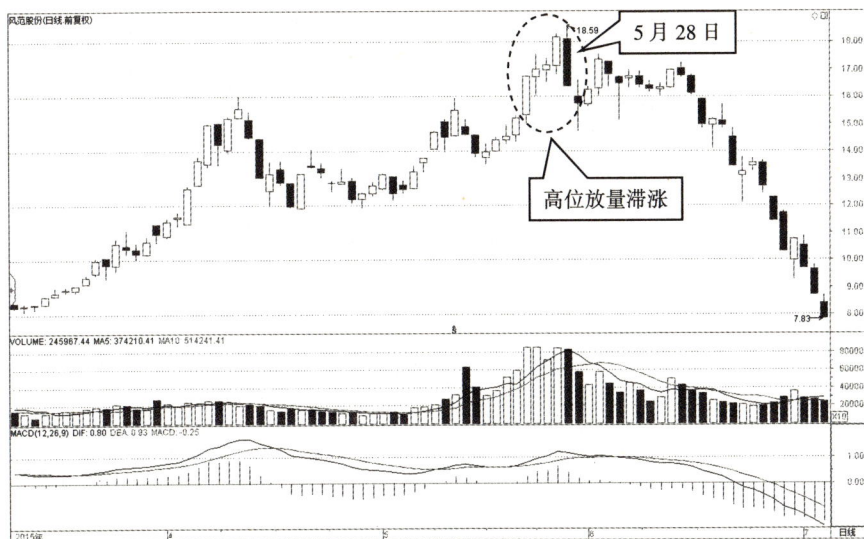

图 8-16 风范股份日 K 线

这样的放量滞涨形态明显是有主力在高位抛售股票出货的信号。

风范股份分时走势如图 8-17 所示。

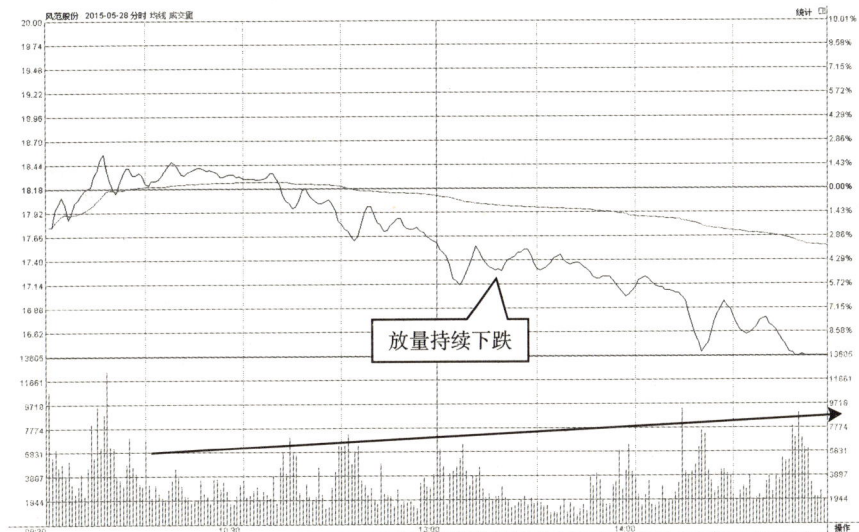

图 8-17 风范股份分时走势

如图 8-17 所示，从 5 月 28 日盘中的走势看，当日股价持续下跌，同时成交量则伴随着股价的下跌持续放大。这样的形态显示在股价下跌的过程中，主力正在持续抛出股票进行出货操作。

三、技术指标信号

主力出货时，会对整个市场上涨形成巨大的压力。不过为了不在市场上制造恐慌，主力出货时会尽量维持股票的技术指标保持看涨形态。即使有短暂的看跌信号也会很快被修复。

需要注意的是，如果主力要持续打压出货，那么对技术形态的控制就不会太严格。此时技术形态可能会持续走弱。

力帆股份日 K 线如图 8-18 所示。

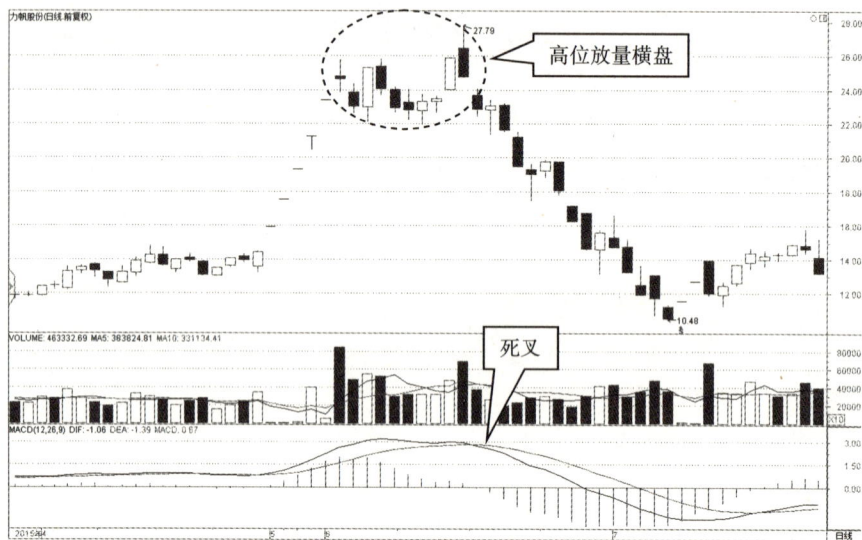

图 8-18　力帆股份日 K 线

如图 8-18 所示，2015 年 6 月，力帆股份（601777）被快速拉升至高位后，开始在顶部区域持续横盘整理。借助这种横盘整理的形态，主力完成了出货操作。

通过该股的 MACD 指标可以看到，在整个顶部横盘整理的过程中，指标的 DIF 线一直在 DEA 线上方，柱线一直保持为红色。这都是上涨趋势还在继续的信号。看到这样的信号保证，很多散户投资者不

会急于在此时抛出股票。直到最终股价结束横盘区间开始下跌时，DIF线才跌破 DEA 线形成死叉。这时主力已经完成了出货操作。

四、市场反应信号

当主力出货时，会极力在市场上宣扬看多做多的气氛。因此虽然股价会在主力出货的过程中遇到巨大阻力，很多投资者却仍然在这个阶段内非常看好未来行情的发展。一旦有上涨信号出现，这些投资者都会积极买入股票。而这些买入股票的投资者都会成为主力出货的对象。

一旦主力出货结束，这些高位买入的投资者看到股价迟迟不能上涨，就会逐渐陷入恐慌，从而抛售手中的股票。他们的抛售操作会造成股价下跌，从而引发更大范围内的恐慌。因此我们经常可以看到当主力出货结束时，虽然主力不再抛售股票，整个市场却仍在主力的打压下进入持续的下跌趋势中。

第九章 利用盘口信息捕捉主力动向

在主力整个建仓、试盘、拉升、洗盘、出货的操作过程中，会在盘口中留下很多信号。通过盘口中的这些信号，我们可以清楚找到那些有主力参与其中操作的股票，并且判断主力操作的意图。

第一节 利用分时走势捕捉主力动向

分时图中的一些形态很明显是主力操作才能够形成的。如果我们在分时图中看到这些形态，可以判断此时股价正在受到主力操作。如果同时再结合其他信号，就能够判断主力的操作意图。

一、直线上涨

如果股票在几分钟内形成一根直线上涨，必然是有主力在操作买入股票。因为市场上的散户不可能这么集中在几分钟内买入或者卖出股票，只有主力会这样操作。通过这种直线式的拉升走势，主力想要表达整个市场上涨十分强势的信号，诱惑想要买入股票的投资者一起跟风买入。

这种诱多操作往往在主力试盘、拉升、出货时都有可能出现。如果这样的形态在低位出现，并且直线拉升后股价持续上涨，很可能是主力在进行诱多拉升的操作。如果这样的形态在低位出现，并且直线拉升后股价遇到一定阻力下跌，很可能是主力在进行拉高试盘的操作。

如果这样的形态在股价上涨后的高位出现，并且直线拉高后虽然放出巨大成交量，但股价难以大幅上涨，则很可能是主力在高位拉高股票后，进行诱多出货的操作。

光大证券分时走势如图 9-1 所示。

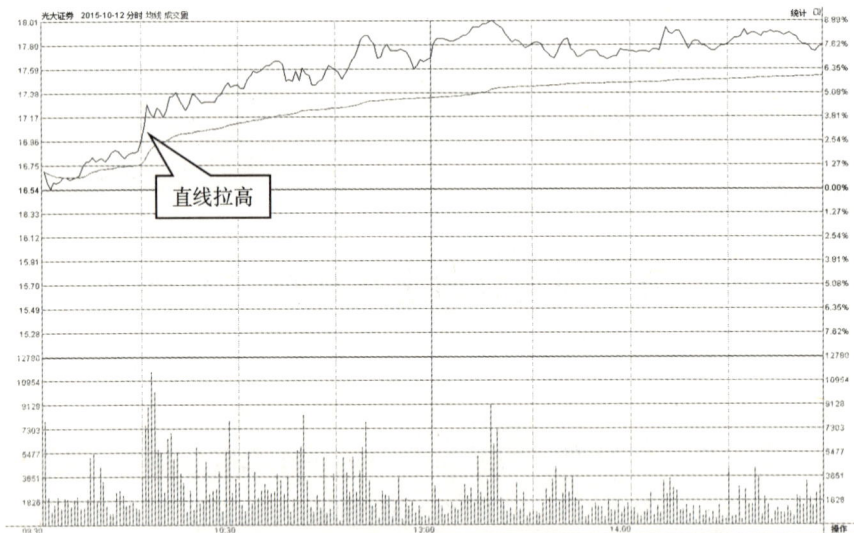

图 9-1　光大证券分时走势

如图 9-1 所示，2015 年 10 月 12 日上午 10：00 过后，光大证券（601788）股价被直线向上拉升，随后股价持续上涨。结合 K 线图看，此时该股刚刚结束底部整理趋势。因此可以判断这次直线上涨是主力在进行诱多拉升操作。

二、直线下跌

与直线的上涨形态类似，如果股票在几分钟内形成一根直线下跌，必然是有主力在集中力量抛售股票。通过这种直线式的下跌走势，主

力想要让整个市场陷入短暂的恐慌中。这种诱空的走势在主力建仓、试盘、洗盘时都有可能出现。

如果这种走势在底部区域内出现，并且股价直线下跌至底部后获得较强支撑，则这很可能是主力在进行诱空建仓的操作。如果这种走势在底部区域内出现，不过股价直线下跌至底部后成交量并没有放大，而是弱势调整，则这很可能是主力在向下打压试盘。

如果这种走势在股价上涨一段时间之后的高点出现，并且股价直线下跌至底部后成交量大幅放大，整个市场进入持续恐慌性杀跌的形态，则这很可能是主力在进行洗盘的操作，稳固市场筹码。

蓝科高新分时走势如图 9-2 所示。

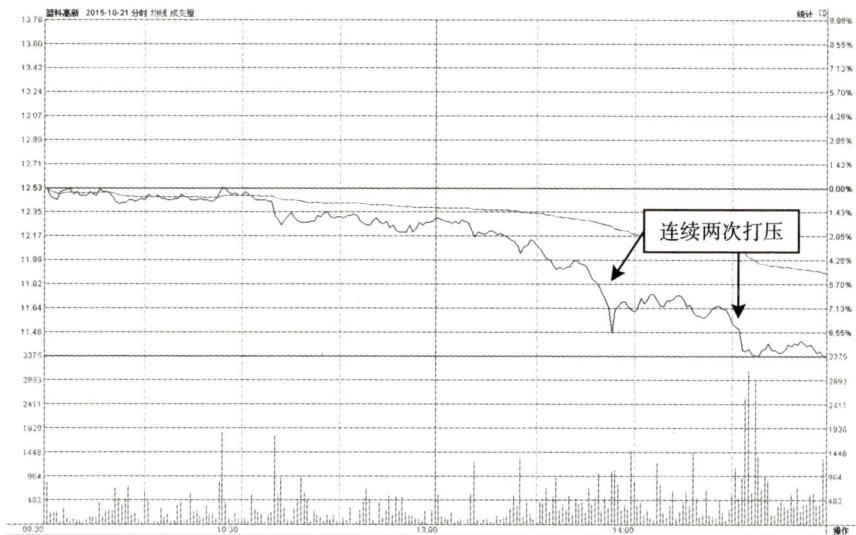

图 9-2 蓝科高新分时走势

如图 9-2 所示，2015 年 10 月 21 日，蓝科高新（601798）上涨至高位后，连续两次被直线向下打压。此时该股股价已经上涨至了高位。这两次打压明显是主力借助大量抛盘，在市场上制造恐慌，进行洗盘操作。

需要注意的是，当主力在高位出货接近尾端时，也可能会用这种直线打压的手法直接抛售股票出货。打压洗盘与打压出货的区别在于，打压洗盘时成交量一开始会放大，之后逐渐萎缩。而打压出货时成交量一开始并不大，之后整个市场会逐渐觉察到恐慌气氛，成交量才会逐渐放大。

第二节　利用分时成交量捕捉主力动向

成交量是我们了解主力动向最重要的途径之一。主力可能借助各种手段隐藏自己的买卖痕迹。不过只要是大额买卖必然带来成交量放大，这是很难改变的。

一、成交量突然放大

如果成交量在一段时间内突然大幅放大，并且伴随着股票价格的快速上涨或者下跌，就很有可能是主力在集中力量进行操作。而且这种集中的操作很可能是主力故意"做"出来给散户看的。如果成交量放大时股价快速上涨，很有可能是主力在进行诱多的操作；如果成交量放大时股价快速下跌，很有可能是主力在进行诱空的操作。

中国交建分时走势如图9-3所示。

如图9-3所示，2015年10月20日盘中，中国交建（601800）股价持续上涨的过程中其成交量也持续放大，最终股价被强势拉升至涨停板。这种强势拉升的走势明显是主力资金在集中力量将股价向上拉升。因为散户不可能这么集中在短时间内买入股票。

结合此时股价刚刚突破底部横盘整理区间的走势看，这次拉升明显是主力为了将股价拉升至高位，在进行诱多操作。

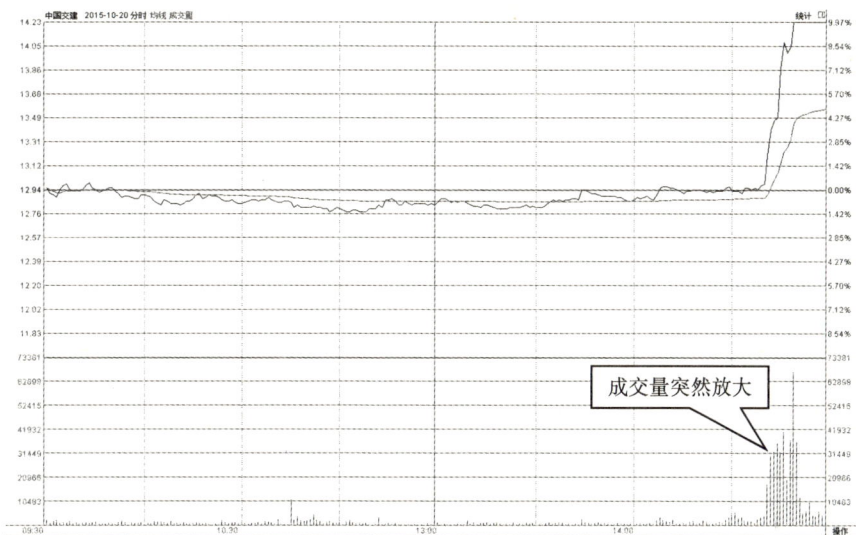

图 9-3　中国交建分时走势

二、几分钟内巨大成交量

如果股票分时图中的几分钟内突然形成巨大成交量，并且伴随股价快速上涨或者下跌，同样很可能是主力在进行操作。

通过这种短时间内的快速打压或者拉升，主力的目的往往不是要诱多或者诱空，而是要进行试盘操作。经过短暂拉升后，主力会撤去自己的筹码，测试上方的抛盘压力。同样经过短暂的打压后，主力也会撤去自己的筹码，测试下方的支撑力量。

中海集运分时走势如图 9-4 所示。

如图 9-4 所示，2015 年 4 月 14 日上午 10：30 左右，中海集运（601866）股价在几分钟内被巨大的成交量向上拉升至高位。通过这样的突然拉升走势，主力测试了上方抛盘压力大小，为自己的后续操作提供参照。

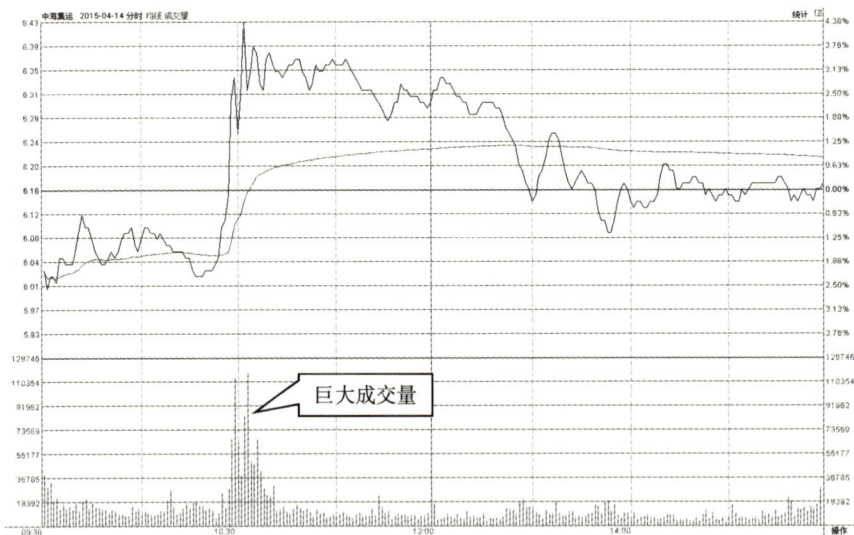

图 9-4　中海集运分时走势

三、午盘巨大成交量

每个交易日上午临近收盘和下午刚刚开盘的时间段，是很多散户投资者看盘交易的盲点。这段时间内很多散户都不会看盘交易。因此很多主力拉升或者打压股价时，都会选择在这个时间段内进行。等散户结束中午休息，回来看盘时，股价已经被拉升至高位，或者打压至低位，再操作就已经来不及了。

因此，如果在这个阶段内股价被放量向上拉升或者向下打压，很可能是有主力资金在进行操作的标志。我们根据主力操作的方向和此时整个市场的状态，可以猜测主力操作的意图。

法尔胜分时走势如图 9-5 所示。

如图 9-5 所示，2015 年 10 月 30 日，法尔胜（000890）股价在上午收盘前 15 分钟左右被直线向上拉升。结合此时的市场趋势判断，这次拉升很可能是主力在测试上方的抛盘压力。

下午开盘后，当众多散户投资者回到市场上开始交易后，股价开

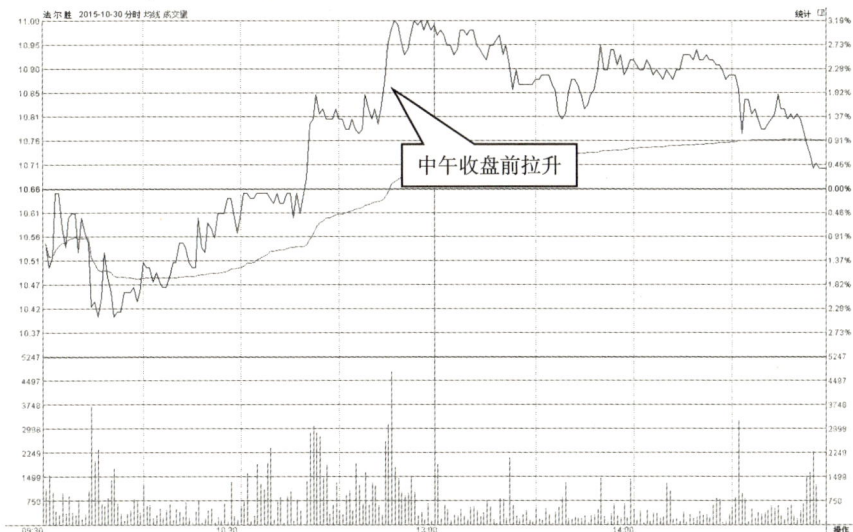

图 9-5　法尔胜分时走势

始被持续向下打压。这说明很多散户投资者都倾向于逢高抛出该股，上方有比较强的阻力位存在。如果主力想要拉升股价，需要再做更加详细的准备。

四、尾盘巨大成交量

每个交易日的早盘阶段和尾盘阶段，往往都是整个市场上交易最活跃的时间段。早盘阶段，经过一个晚上的休整，并且不断有新的消息出现，很多投资者都制定了新的交易计划，会在此时集中抛售或者买入股票，造成市场成交活跃。

到了尾盘阶段，很多已经制定了当日交易计划，但是还没有机会实施的投资者也会急于在收盘前买入或者卖出股票，同样会造成成交量活跃。

很多实力不强的投资者也会选择在尾盘阶段操作股票。在尾盘将股价拉升至高位后，散户还来不及逢高抛售，主力不用承接太多抛盘压力。当主力将股价拉升至高位后，既想要诱多出货，又不愿在高位承接太多股票时，就会选择这种方法。

在尾盘将股价打压至低位后，散户也很难及时做出逢低买入的操作，主力不用抛出太多股票。当主力在建仓过程中，既想要诱空建仓，又不想抛出太多股票时，就会选择这种方法。

因此，如果尾盘阶段股票的成交量大幅放大，远远超过开盘阶段的成交量水平，就很有可能是主力在盘中操作。

金新农分时走势如图 9-6 所示。

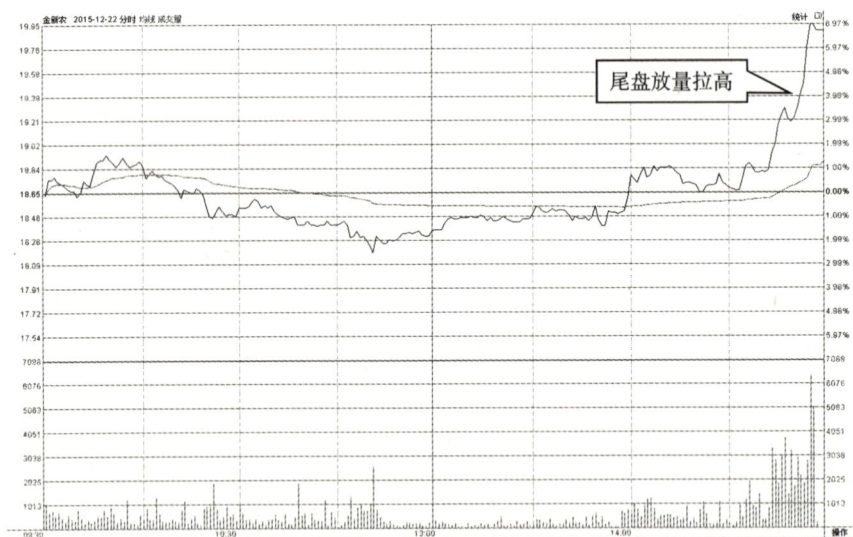

图 9-6　金新农分时走势

如图 9-6 所示，2015 年 12 月 22 日收盘前，金新农（002548）股价被强势向上拉升。这很可能是主力资金在进行操作。通过这样的拉升，主力一方面可以在 K 线图上制造一根大阳线来诱多，另一方面又不用承接股价上涨至高位后的巨大抛盘压力。综合判断，这很可能是主力为了出货进行的诱多操作手法。

第三节 利用分时指标捕捉主力动向

主力在盘中进行操作时，会比较注意对于分时图形态的判断，不过对于分时图中的技术指标，很少有主力能够精确控制。借助这一点，我们可以通过分时 MACD 指标来了解主力操作的动向。

一、上涨过程中的顶背离

当主力在盘中将股价持续拉高进行诱多出货时，虽然股价处于持续上涨趋势中，不过因为上方有主力抛盘不断涌出，股票的上涨速度往往会越来越慢。借助 MACD 指标，我们可以找出这种趋势的变化。

如果股价连续上涨创出新高时，MACD 指标中的红色柱线越来越短，二者就形成了顶背离的形态。这样的形态说明虽然股价上涨，不过上涨的速度越来越慢。这样的形态很有可能是主力在拉高过程中不断抛售出货导致的。

荣信股份分时走势如图 9-7 所示。

如图 9-7 所示，2015 年 11 月 10 日开盘后，荣信股份（002123）的股价虽然持续上涨，不过其 MACD 指标的红色柱线却越来越短，二者形成了顶背离形态。这说明该股虽然上涨，但是其上涨速度越来越慢，这很有可能是主力在上涨过程中不断抛售股票出货造成的。

二、下跌过程中的底背离

与顶背离形态相反，如果股价连续下跌创出新低时，MACD 指标中的绿色柱线越来越短，二者就形成了底背离的形态。这样的形态说

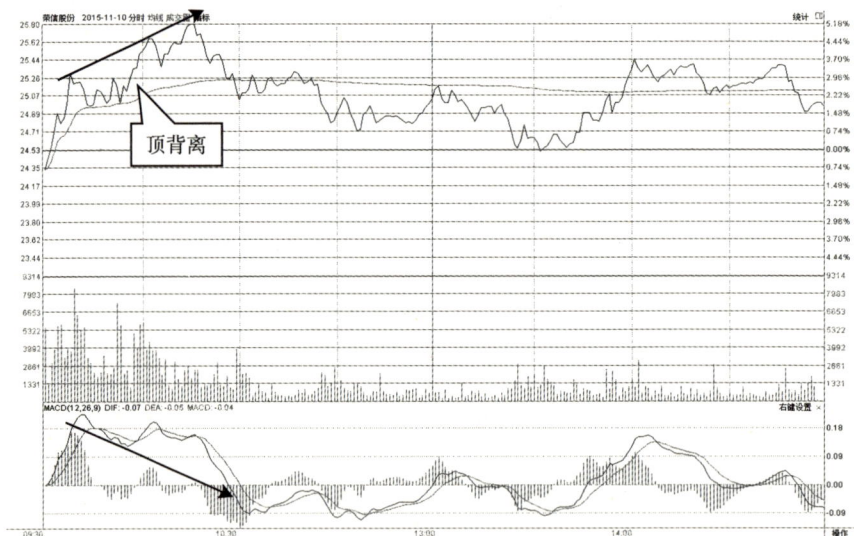

图 9-7　荣信股份分时走势

　　明，虽然股价持续下跌，不过打压股价下跌的力量越来越弱，股价下跌速度有减缓的趋势。这样的形态很有可能是主力在持续打压过程中不断买入股票建仓，对股价形成了支撑力量而导致的。

　　三鑫医疗分时走势如图 9-8 所示。

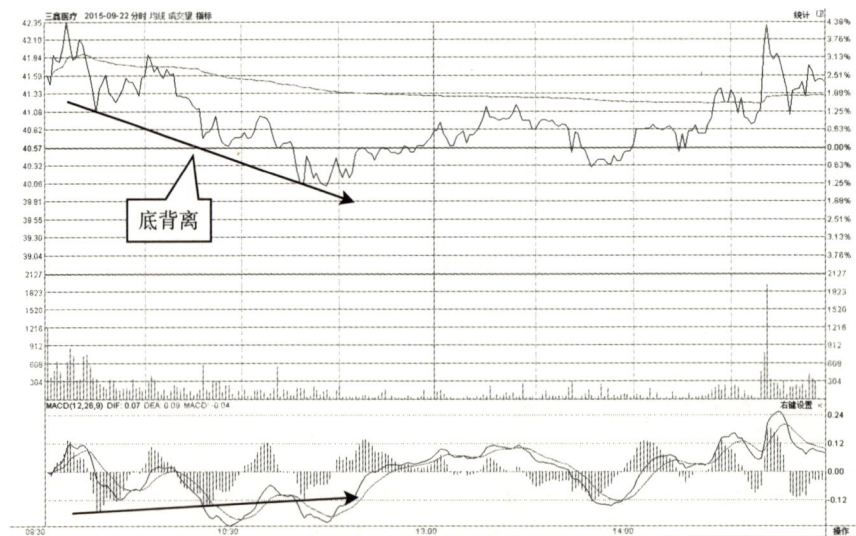

图 9-8　三鑫医疗分时走势

如图 9-8 所示，2015 年 9 月 22 日开盘后，三鑫医疗（300453）股价高开后持续下跌。当股价持续创出新低时，其 MACD 指标的绿色柱线越来越短，二者形成了底背离形态。这样的形态说明该股的下跌速度越来越慢。这种下跌趋势减缓很可能是主力资金在下跌过程中不断买入股票建仓而导致的。

第四节 利用五档买卖捕捉主力动向

股票走势图右边的五档买卖盘口是很多投资者盘中盯盘时会关注的信息。通过这一部分的盘口信息变化，主力能够有效操控短时间内市场上散户投资者的看多或者看空情绪，从而对股价的变化施加影响。

一、大买单的支撑力量

当主力想要诱使投资者买入股票时，最直接的办法就是用自有资金买入，将股价向上推升。这样可以在市场上制造看多气氛，诱使散户投资者也跟风买入，将股价持续向上拉升。主力买入后，股价虽然会如期上涨，不过主力也要支付资金买入，使成本增加。

如果主力不想买入股票，同时还想将股价向上拉升，就会利用交易挂单的规则，以低于当前市场价的价格发出一笔大额买单。这笔买单不需要真正成交，只是要展示给市场上的散户投资者能看到就可以了。当其他散户投资者看到下方有巨大买单时，会认为该股的走势很强，纷纷追高买入股票。最终主力不需要真正投入资金就可以轻松实现诱多的目的。

京山轻机五档买卖盘口如图 9-9 所示。

000821 京山轻机		
委比	29.16% 委差	1633
卖五	13.21	115
卖四	13.20	937
卖三	13.19	169
卖二	13.18	422
卖一	13.17	341
买一	13.16	482
买二	13.15	634
买三	13.14	241
买四	13.13	465
买五	13.12	1795

图 9-9 京山轻机五档买卖盘口

如图 9-9 所示，2016 年 1 月 12 日盘中，京山轻机（000821）的主力就在 13.12 元位置挂上了巨大买单，进行诱多操作。

二、大买单突然被成交

当主力想要在盘中制造恐慌时，同样可能使用大买单的手法。主力会先在某个重要的技术点位上挂上巨大买单，等待成交。看到大买单，很多散户投资者就会放心在这个价位上方交易股票。即使股价下跌，主力的巨大买单也会对股价形成支撑，让投资者认为非常安全。

随后在某个时点，主力会抛售股票，与自己的买单成交。此时看到这个买单才交易股票的散户投资者就会陷入恐慌。如果股价继续下跌，跌穿这个支撑位置，则恐慌会进一步加剧。最终会有大量散户投资者因为恐慌而抛售股票，主力也就完成了诱空的操作。

天舟文化分时走势如图 9-10 所示。

如图 9-10 所示，2016 年 1 月 12 日盘中，天舟文化（300148）股价盘整过程中，在 21.50~21.52 元附近一直存在较强的买盘支撑力量。股价多次回落到这个价位附近都获得支撑。

下午 2：00 之前，这些买盘支撑一部分被撤销掉，另一部分则被巨大的卖单向下成交。看到支撑位失效，很多散户投资者陷入了恐慌，

	5	21.62	2
卖	4	21.60	62
	3	21.59	140
盘	2	21.56	21
	1	21.55	5
	1	21.54	84
买	2	21.53	35
	3	21.52	29
盘	4	21.51	184
	5	21.50	216

跌破支撑

	5	21.65	2
卖	4	21.63	30
	3	21.60	86
盘	2	21.59	3
	1	21.58	107
	1	21.55	9
买	2	21.52	502
	3	21.51	507
盘	4	21.50	253
	5	21.49	50

大买单支撑

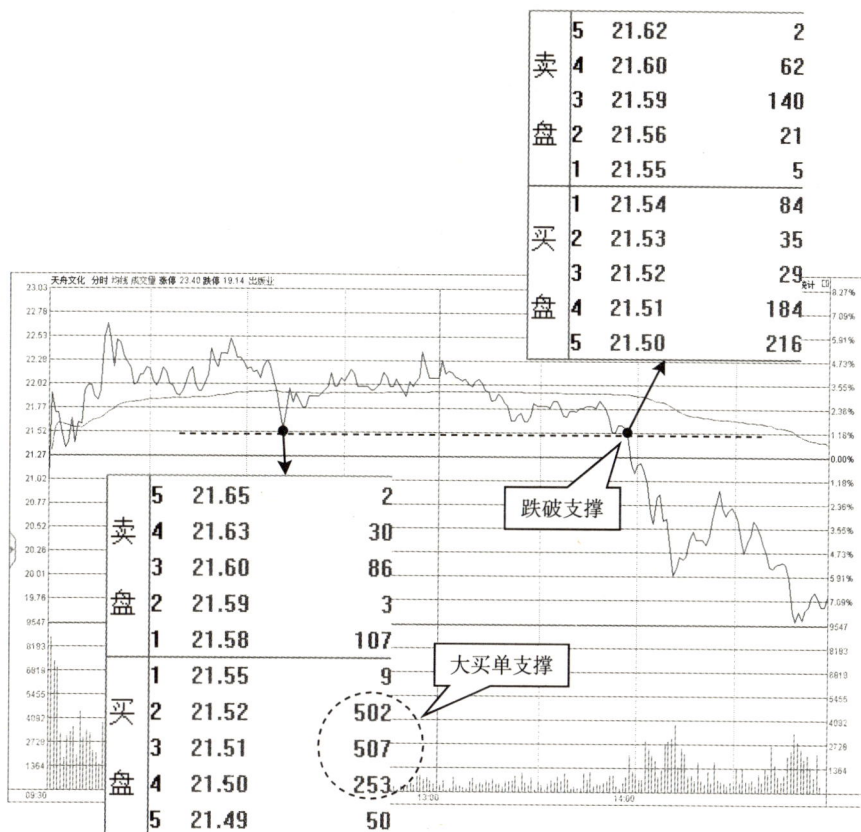

图9-10 天舟文化分时走势

纷纷抛售手中的股票。主力也就实现了自己诱空的目的。

三、大卖单的阻力作用

当主力想要将股价向下打压时，除了真正卖出自己持有的股票外，也可能会借助交易规则，以高于当前市价的价格挂出巨大卖单。这些卖单并不会马上成交，而是给市场带来巨大的压迫力。

一方面，散户投资者看到巨大卖单后会认为市场上大多数投资者都普遍看空后市，跟风卖出。另一方面，散户投资者也知道上方抛盘压力巨大，股价继续上涨的空间非常有限，对未来行情失去信心。在这样的影响下，投资者就会因为这些巨大抛盘的压力而看空后市，抛

出股票，将股价持续向下打压。而主力的卖单并不需要真正成交，也就不会损失自己的筹码。

冀东水泥五档买卖盘口如图 9-11 所示。

R 000401 冀东水泥		
委比	-44.58% 委差	-2386
卖五	10.81	8
卖四	10.80	1034
卖三	10.79	338
卖二	10.78	1223
卖一	10.77	1266
买一	10.76	234
买二	10.75	221
买三	10.74	438
买四	10.73	526
买五	10.72	64

图 9-11　冀东水泥五档买卖盘口

如图 9-11 所示，2016 年 1 月 12 日盘中，冀东水泥（000401）的卖一、卖二和卖四位置存在巨大的卖单。这些卖单会造成投资者恐慌，抛出手中的股票。主力的这些卖出挂单不用真正成交，也能实现诱空的目标。

四、大卖单突然被撤销

主力在高位挂上一个巨大的卖出委托单后，如果股价在横盘整理过程中，多次在这个大卖单位置上遇到巨大阻力下跌，说明这个位置上有巨大的卖出力量存在。市场上的散户投资者因此会对未来行情持悲观态度。

如果在未来的行情中，主力大量买入股票，将自己在高位的卖出委托单全部买回，则市场上的散户投资者会得到行情放量突破阻力的信号。这样的情况下，他们就会积极买入股票。借助这样的形态，主力不用真正买入太多股票也可以实现诱多的目标。

安科生物分时走势如图 9-12 所示。

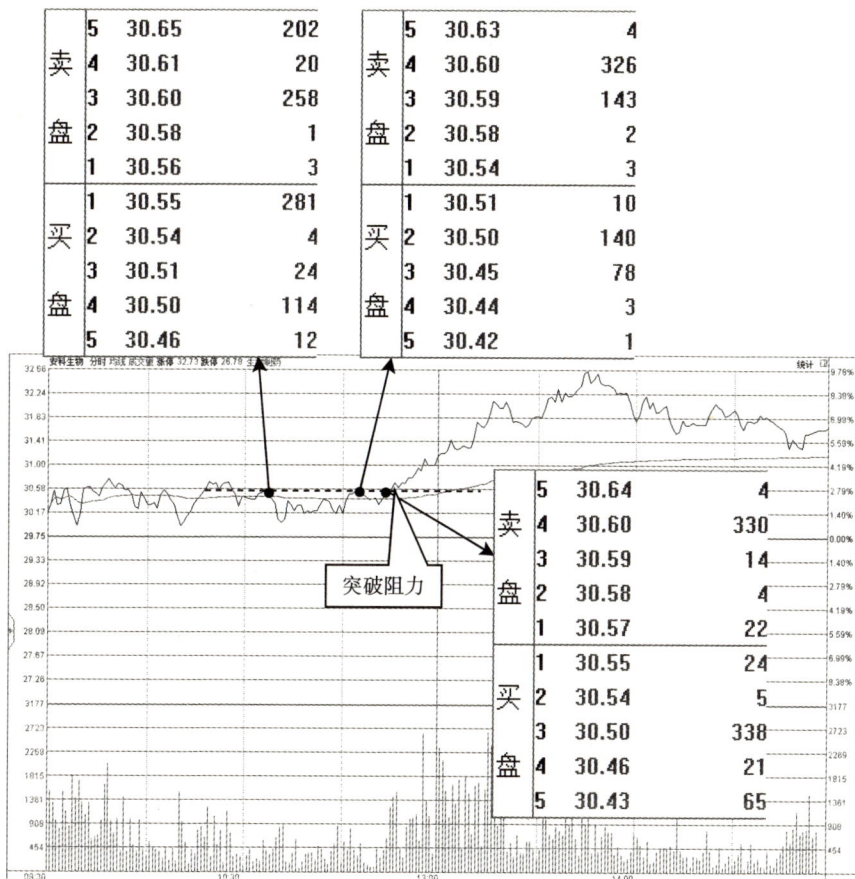

卖盘			卖盘		
5	30.65	202	5	30.63	4
4	30.61	20	4	30.60	326
3	30.60	258	3	30.59	143
2	30.58	1	2	30.58	2
1	30.56	3	1	30.54	3
1	30.55	281	1	30.51	10
2	30.54	4	2	30.50	140
3	30.51	24	3	30.45	78
4	30.50	114	4	30.44	3
5	30.46	12	5	30.42	1

突破阻力

卖盘		
5	30.64	4
4	30.60	330
3	30.59	14
2	30.58	4
1	30.57	22
1	30.55	24
2	30.54	5
3	30.50	338
4	30.46	21
5	30.43	65

图 9-12　安科生物分时走势

如图 9-12 所示，2016 年 1 月 12 日盘中，安科生物（300009）五档买卖盘口的 30.60 元附近存在一笔巨大卖出委托单。股价在盘中很长时间里都在这笔卖单下方持续震荡。

最终在上午收盘前，该股股价放量上涨，突破了这笔卖出委托的压力位置。此时散户投资者看到股价放量突破的信号，会积极买入股票，将股价向上拉升。主力通过自买自卖的操作，成功实现了诱多的目的。

第五节 利用分时成交明细捕捉主力动向

如果我们在股票的分时成交明细数据中看到有大笔买入委托单成交，将股价快速向上拉升，或者有大笔卖出委托单成交，将股价快速向下打压时，就说明有主力资金在集中操作。通过主力买卖的方向不同，我们可以推测主力的交易意图。

一、突然巨大买单拉高

如果主力在盘中突然使用大买单将股价快速向上拉升，并且拉高之后就没有后续动作，那么很可能是主力在拉高股价进行拉高的试盘操作。

聚隆科技分时走势如图 9-13 所示。

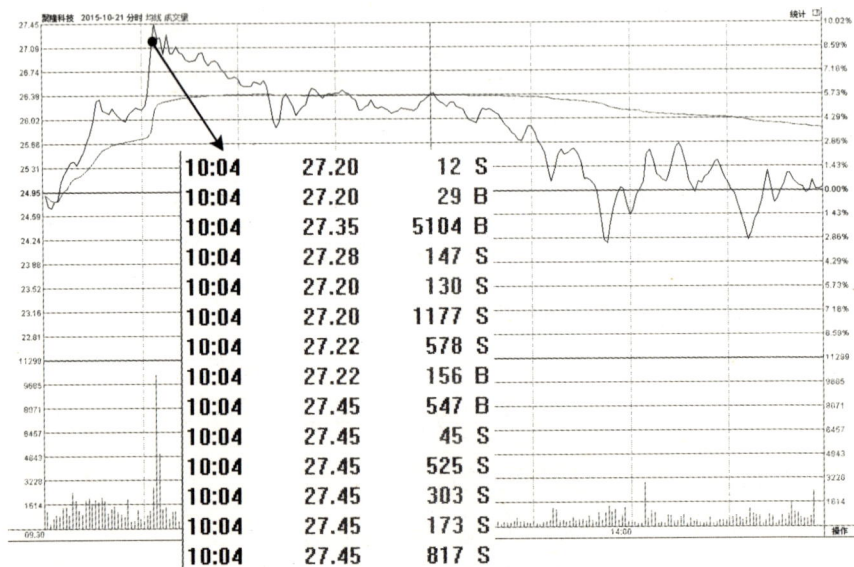

时间	价格	成交量	方向
10:04	27.20	12	S
10:04	27.20	29	B
10:04	27.35	5104	B
10:04	27.28	147	S
10:04	27.20	130	S
10:04	27.20	1177	S
10:04	27.22	578	S
10:04	27.22	156	B
10:04	27.45	547	B
10:04	27.45	45	S
10:04	27.45	525	S
10:04	27.45	303	S
10:04	27.45	173	S
10:04	27.45	817	S

图 9-13 聚隆科技分时走势

如图 9-13 所示，2015 年 10 月 21 日，聚隆科技（300475）股价被一笔超过 5000 手的巨大买单向上拉升。这明显是主力资金在集中拉升股价。同时因为当日只有这一笔巨大买单出现，随后股价上涨遇到巨大抛盘压力时，也没有后续的买单跟进。因此我们可以判断，这笔买单很可能是主力在盘中突然拉升股价后，用来测试上方抛盘压力。

二、突然巨大卖单打压

与巨大的买入委托单相反，如果主力在盘中突然使用大卖单将股价快速向下打压，并且之后没有后续的动作，那么这次大卖单打压很可能是主力在打压股价至低位后的试盘，测试下方的支撑盘强弱。

星湖科技分时走势如图 9-14 所示。

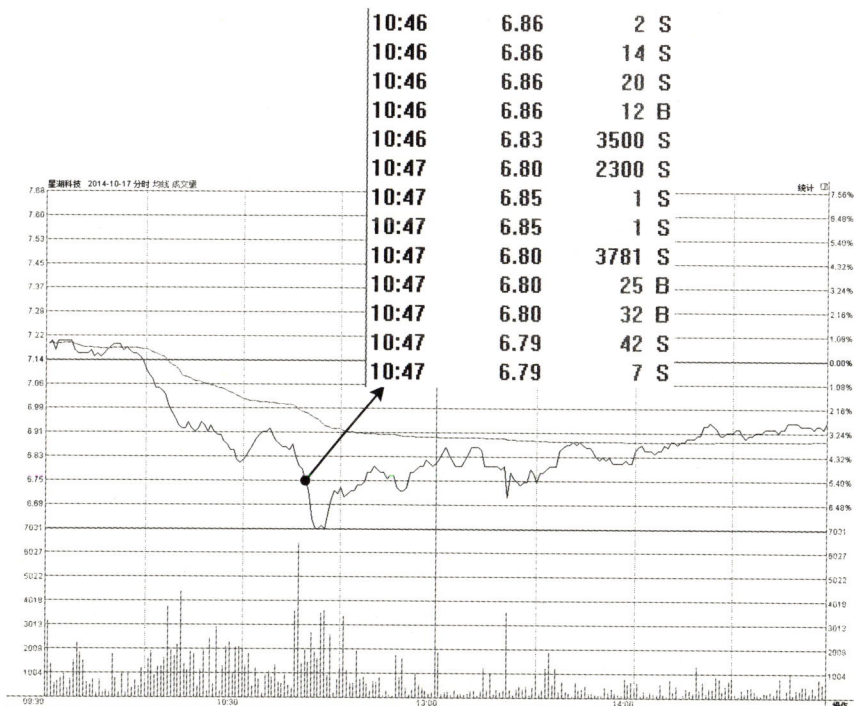

图 9-14　星湖科技分时走势

如图 9-14 所示，2014 年 10 月 17 日盘中，星湖科技 （600866）
股价被连续的大卖单向下打压。这些大卖单的出现造成了股价快速下
跌。不过在之后整个交易日中，都没有这种大卖单再次出现。因此我
们可以判断这是主力在集中力量打压股价，目的是要将股价打压至低
位后进行试盘，试探下方支撑盘的强度。

三、大买单持续拉高

当主力仅仅用短暂的一笔或者几笔买单将股价向上拉升，没有后
续操作时，很可能是在试盘。如果主力在一段时间内，使用持续不断
的大买单将股价向上拉升，则很有可能是主力在进行诱多的操作。通
过一段时间内持续不断的大买单拉高，主力可以给投资者看多后市的
信心，纷纷跟随主力一起追高买入。主力就可以借助这些散户的跟风
买盘完成后续拉升操作。

通化东宝分时走势如图 9-15 所示。

如图 9-15 所示，2015 年 12 月 1 日下午开盘后，通化东宝 （600867）
每隔几分钟就会被一笔巨大买入委托单向上拉升。通过这样间歇性的
大买单拉升走势，主力成功调动起散户投资者的买入热情。股价在主
力和散户投资者的共同买入推动下持续上涨至高位。

四、大卖单持续打压

如果主力在一段时间内，使用持续不断的大卖单将股价向下打压，
就很有可能是主力在进行诱空洗盘的操作。通过一段时间内持续不断
的大卖单打压，主力可以打击投资者持股的信心，诱使那些持股意愿
不太强的散户投资者抛出手中的股票。因此主力也就可以巩固市场筹
码，实现洗盘的目标。

*ST 夏华分时走势如图 9-16 所示。

13:25	25.40	111	B
13:25	25.45	1001	B
13:25	25.45	57	S
13:25	25.45	858	S
13:26	25.45	105	S
13:26	25.45	20	B
13:26	25.44	6	B
13:26	25.45	792	B

13:17	25.15	4	B
13:17	25.25	1001	B
13:17	25.25	93	S
13:17	25.25	136	S
13:17	25.23	83	B
13:17	25.23	11	B

13:34	25.80	88	S
13:34	25.72	5	S
13:34	25.90	2005	B
13:34	25.80	303	B
13:34	25.80	40	B
13:34	25.80	91	S
13:35	25.85	634	B

13:15	24.92	28	B
13:15	24.94	14	B
13:15	24.98	1310	B
13:15	24.98	245	S
13:15	25.00	14	B
13:15	25.00	100	B
13:15	25.00	333	B

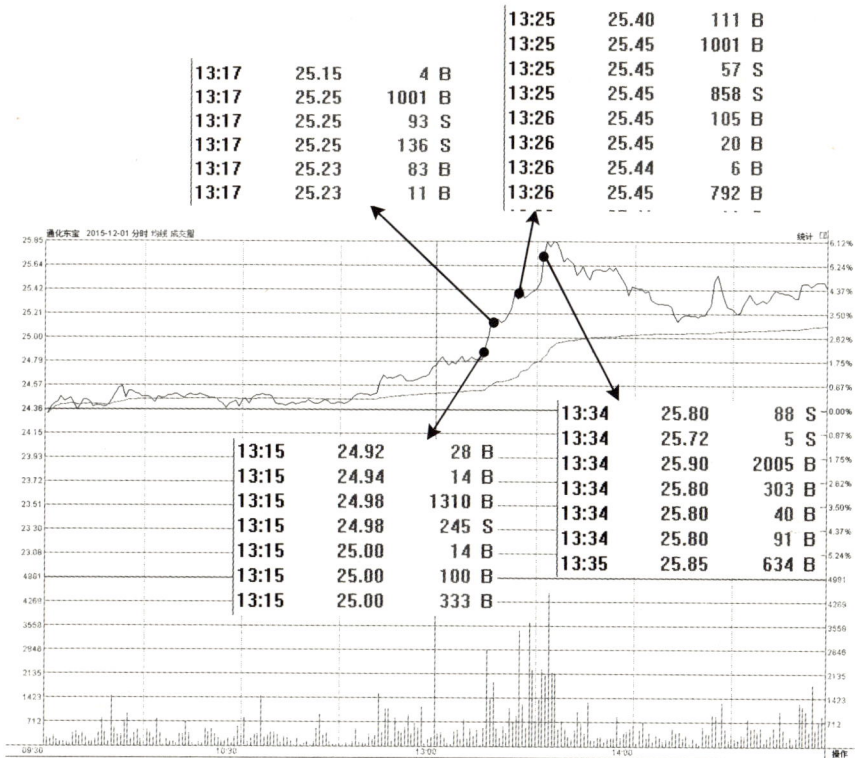

图 9-15　通化东宝分时走势

13:27	8.14	98	S
13:27	8.14	8	S
13:27	8.14	969	S
13:27	8.14	10	B
13:27	8.13	133	S
13:27	8.13	26	S

14:45	7.91	102	S
14:45	7.90	1200	S
14:45	7.91	5	B
14:45	7.85	2000	S
14:46	7.85	237	S
14:46	7.88	3	B
14:46	7.86	5	S

14:12	8.01	10	S
14:12	8.01	10	S
14:12	8.00	951	S
14:12	8.00	50	B
14:12	8.00	100	B
14:13	7.99	25	S
14:13	7.98	200	S

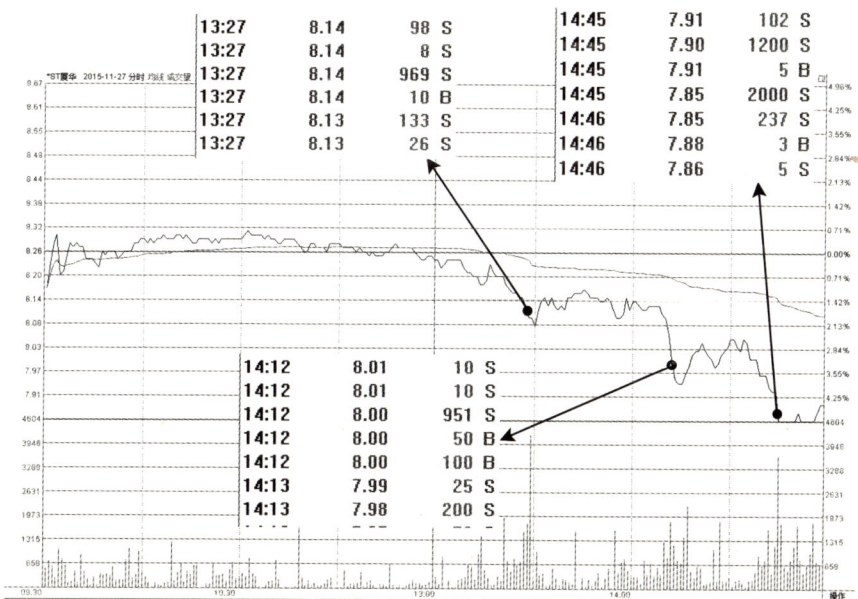

图 9-16　*ST 夏华分时走势

如图 9-16 所示，2015 年 11 月 17 日下午，*ST 夏华（600870）每隔一段时间就会被集中出现的大卖单向下打压。看到这些不断出现的大卖单，整个市场上的散户投资者都会陷入恐慌之中，纷纷抛出手中的股票。借助这些恐慌性抛盘，主力也就实现了洗盘的目标。

第十章 跟随主力操作的买卖点选择

通过以上几章的内容，我们已经能够判断出主力操盘的方向。明白什么情况下主力在建仓、试盘，什么情况下又是在拉升、洗盘、出货。我们需要学习另外非常重要的一点，就是当我们明白主力坐庄的套路后，如何利用这个套路来获利。

跟随主力获利的方式有很多。无论短线还是长线，我们都可以在发现主力操作的信号后，跟随主力买入获利。

第一节 短线波段操作的买卖点选择

主力的整个操作过程分为建仓、拉升、出货三大阶段，这三大阶段中还会穿插进行试盘和洗盘的操作。此外，整个主力拉升的过程还可能分成几个阶段来进行。

对于跟随主力操作的散户投资者来说，可以考虑阶段式的跟随操作模式。也就是只在主力拉升的过程中买入股票，一旦拉升结束就卖出股票。如果经过调整后主力继续拉升，则再次买入股票，如果经过调整后主力已经出货离场，则不再买入。经过这样的操作，散户投资者就可以充分回避高位套牢的风险，同时也可以将收益最大化。

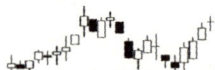

具体来说，这种波段操作模式分为以下几个过程。

一、建仓时冷静观望

对于波段操作的投资者来说，只追求主力拉升阶段的收益，因此在主力建仓阶段即使发现了建仓的信号，也不宜买入。这时可以将该股列入自己的自选股中，并在随后的行情中持续观望。

二、拉升开始时积极买入

当主力建仓结束，经过试盘后开始真正将股价向上拉升时，投资者就可以在上涨行情开始时积极买入股票。

部分主力从建仓结束到拉升之前，认为建仓阶段跟风买入的散户投资者太多，于是会在建仓结束后先进行一次洗盘再将股价向上拉升。对于这样的情况，投资者可以等洗盘结束后，真正的拉升开始时再买入股票。

三、洗盘和出货时尽快抛出

洗盘和出货的形态中，股价都会遭遇到巨大抛盘压力，上涨遇阻，甚至形成持续下跌的走势。因此这两种形态经常会被混淆。

对于波段交易的投资者来说，即使混淆了也没有问题。投资者可以在每次回落行情开始的时候，无论它是洗盘还是出货，都抛出手中的股票，将持股风险降到最低程度。

四、再次拉升时继续买入

如果股价的回落是主力洗盘造成的，那么洗盘结束后，主力必然会营造看多气氛，并且将股价继续向上拉升。当继续拉升的行情开始时，投资者就可以积极跟进，买入股票。

即使主力最后将股价拉升的过程是为了诱多出货，投资者也可以跟风买入，只要等下次股价走弱时及时卖出就可以回避风险。

五、最终见顶后果断抛出

经过拉升过程中的反复波段买卖后，投资者就可以赚取每一轮拉升过程中的利润空间，并且回避掉中间股价回落的损失，真正实现收益的最大化。最终主力出货结束，行情见顶回落时，投资者应该果断卖出手中剩余的股票，完成整个操作过程。

六、实战案例：博深工具（002282）

博深工具日 K 线 1 如图 10-1 所示。

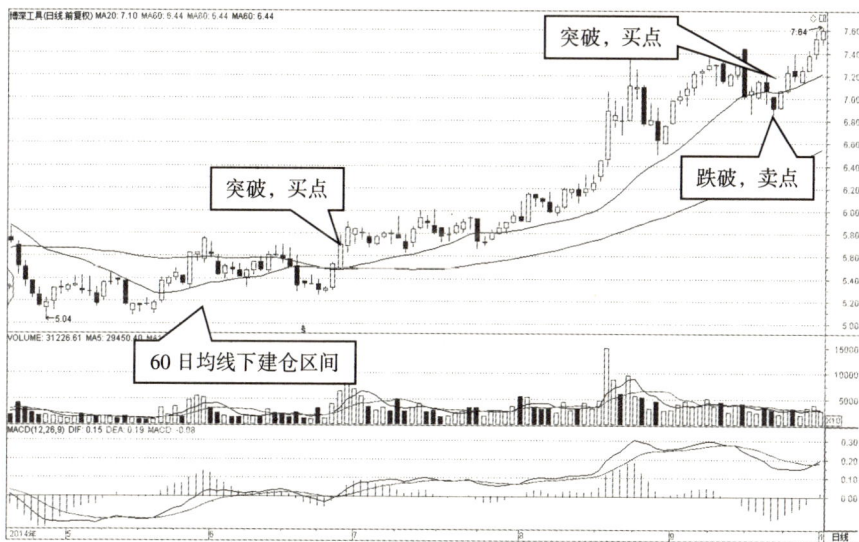

图 10-1 博深工具日 K 线 1

如图 10-1 所示，2014 年 5~6 月，博深工具在底部横盘的过程中，多次反弹到 60 日均线遇到阻力。这是主力在利用 60 日均线的压力进行建仓操作。经过多次对 60 日均线上攻失败后，投资者逐渐失去了对未来行情的信心，抛出股票。主力就可以在低位买入股票建仓。

6月27日，股价成功突破60日均线的阻力线。这标志着主力建仓结束，拉升行情开始。看到这一日的突破行情，波段交易的投资者可以积极买入股票。

随后该股上涨过程中一直沿20日均线持续上涨，多次回落至20日均线附近都获得支撑上涨。

直到9月22日，股价跌破了20日均线的支撑。这样的形态说明股价的持续上涨停滞，主力可能在进行洗盘或者出货的操作。看到这样的形态后，投资者应该尽快抛出手中的股票。不过随后一个交易日，股价就见底反弹。两个交易日后，股价重新回到20日均线上方。这是上涨趋势会继续的标志。此时投资者可以将卖出的股票买回。

博深工具分时走势1如图10-2所示。

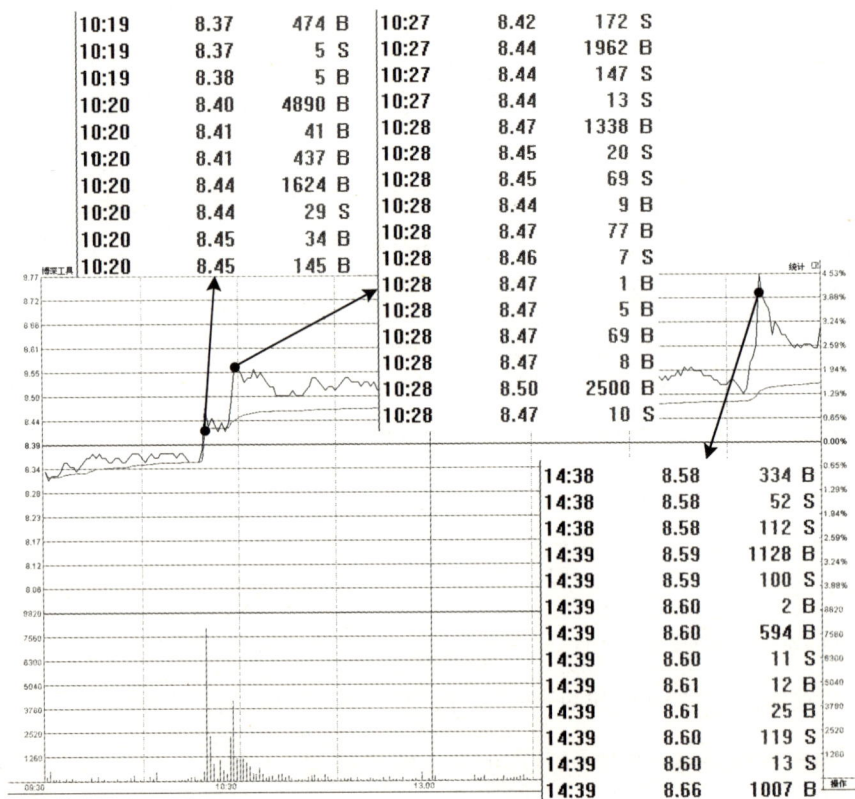

图10-2 博深工具分时走势1

如图 10-2 所示，6 月 27 日，股价形成向上突破的当日盘中，上午和下午都分别有巨大买单出现，将股价快速向上拉升。这样的形态明显是有主力资金在盘中拉升股价进行诱多的信号。通过这样的分时形态和分时成交明细数据，我们也可以判断当日拉升行情已经展开。

博深工具日 K 线 2 如图 10-3 所示。

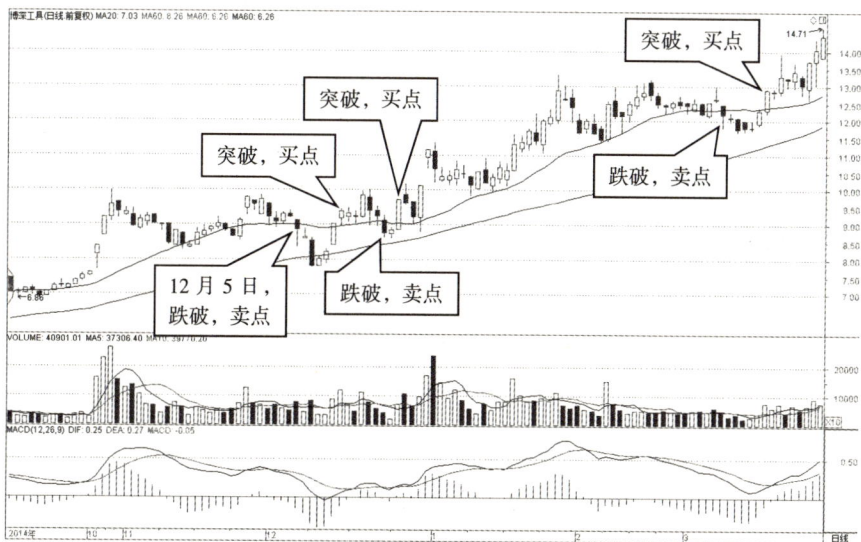

图 10-3　博深工具日 K 线 2

如图 10-3 所示，随后的上涨趋势中，博深工具主力又多次打压股价进行洗盘。每次股价跌破 20 日均线时，投资者都应该抛出手中的股票。等股价回到 20 日均线上方后再将股票买回，进行波段操作。

博深工具分时走势 2 如图 10-4 所示。

如图 10-4 所示，12 月 5 日是股价跌破 20 日均线的交易日。从当日分时图中可以看到，股价下跌至底部后成交量并没有持续放大，这明显是主力在进行洗盘操作。主力只是在盘中偶尔打压股价进行诱空，并没有大量抛出自己的筹码。

虽然根据分时形态判断这是一次洗盘而不是最终真正的出货，不过为了回避风险，我们同样应该在当日卖出股票。

图 10-4　博深工具分时走势 2

博深工具日 K 线 3 如图 10-5 所示。

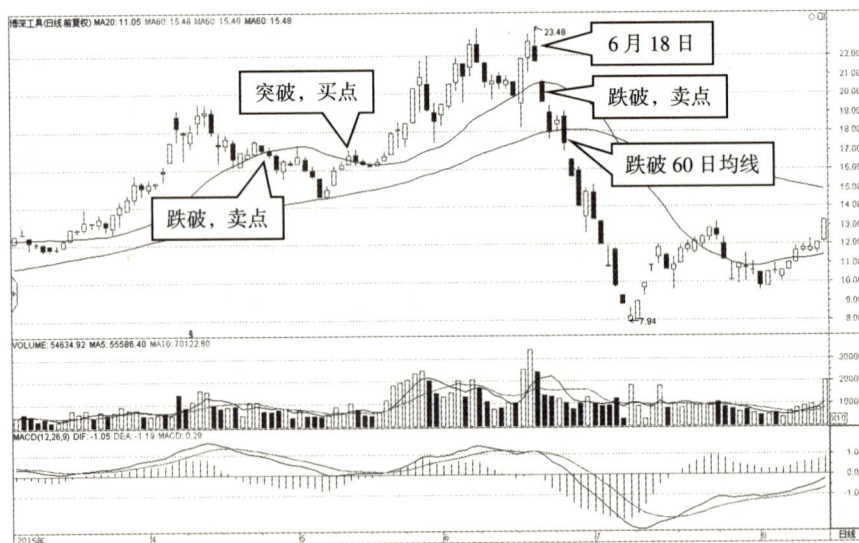

图 10-5　博深工具日 K 线 3

　　如图 10-5 所示，2015 年 4 月底 5 月初，主力再次进行了一次高位洗盘操作。这时我们同样应该进行减持的波段交易策略。

　　直到 6 月底，当股价持续下跌时，连续跌破了 20 日均线和 60 日

均线。当股价跌破 20 日均线时我们应该抛出手中的股票。最终股价跌破 60 日均线时，标志着主力整个操作过程已经结束。这时我们应该彻底结束这次跟随主力的交易。

博深工具分时走势 3 如图 10-6 所示。

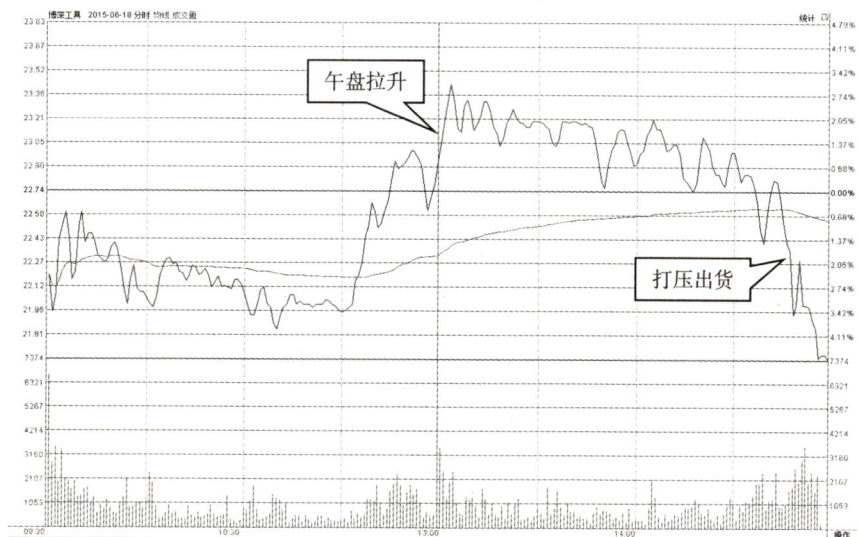

图 10-6　博深工具分时走势 3

如图 10-6 所示，6 月 18 日是股价最终跌破 20 日均线前的一个交易日。这个交易日的分时形态明显透露出主力出货的迹象。主力先是在中午交易时段，利用散户投资者看盘的盲点，将股价快速拉升至高位，进行诱多操作。随后下午收盘前，开始大量抛出股票，将受到诱惑跟进的散户买盘全部吃掉，完成自己的出货操作。

看到主力出货的迹象后，随后一个交易日股价跌破 20 日均线时，投资者应该更加坚定地抛出股票。

第二节　短线换股操作的买卖点

整个主力操作的过程中，拉升阶段的股价涨幅是最大的。而很多主力的拉升阶段又都被分为很多个部分。其中不同拉升阶段中间也会有强弱之分，最强势的一段拉升被称为主升浪。

对于短线投资者来说，在跟随主力操作时可以选择只在最强势的一段主升浪开始时买入股票，主升浪结束后就卖出。随后即使股价继续上涨也不再买入股票，而是去其他股票中寻找买入操作的机会。

一、建仓时冷静观望

因为投资者只准备在上涨趋势最强的主升浪中交易股票，所以发现有主力建仓的迹象时，可以先把这只股票添加到自己的候选股名单中，冷静持币观望。

二、拉升开始时继续观望

主力建仓结束后，会进入拉升的过程。如果主力把自己的拉升分成了几个不同的阶段，那么刚刚建仓完成后的第一次拉升多数情况下都不是上涨趋势最强的。所以在拉升行情刚刚开始时，投资者最好选择继续观望后市走向。

三、加速拉升时追高买入

当股票的上涨行情逐渐出现加速的迹象，或者某一次洗盘结束后股价快速冲高时，就标志着该股的强势上涨趋势开始了。当这样的拉

升开始时，投资者可以把握住机会，积极追高买入股票。

四、股价走弱后马上抛出

当股价最终上涨至高位后，如果上涨趋势减缓，或者出现回落的走势，则标志着强势上涨行情结束。这时投资者应该尽快卖出股票，完成这一次短线操作。

这种短线追涨的风险是比较大的，例如很多主力最终要出货时，也会操纵股价快速冲高，从而在高位诱多出货。因此，买入股票后投资者一定要设定好止损位，如果股价跌破止损位，同样应该尽快抛出手中的股票，将风险控制在可以控制的范围内。

五、选择强势股再次进入

操作完一只股票的主升浪后，这只股票就不值得再留恋了。因为多数股票被主力拉升的过程中，都只会有一轮这种强势上涨的主升浪。

卖出股票之后，投资者需要做的是在市场上寻找新的操作标的，找出那些主力已经建仓，并且营造了足够的看多氛围，随时可能被强势向上拉升的股票。

对于部分股票来说，整个主力拉升的过程都会比较平静，不会出现强势上涨走势。因此投资者要想使用这种短线追主升浪的交易模式，最好同时多关注几只股票的动向，广泛选择。

六、实战案例：西昌电力 （600505）

西昌电力日 K 线如图 10-7 所示。

如图 10-7 所示，2015 年 11 月 9 日，西昌电力股价被强势向上拉升，突破前期持续的三角形整理区间。同时当日股价上涨幅度超过 4%，比三角形调整之前那轮拉升过程明显有加速的迹象。这样的突破

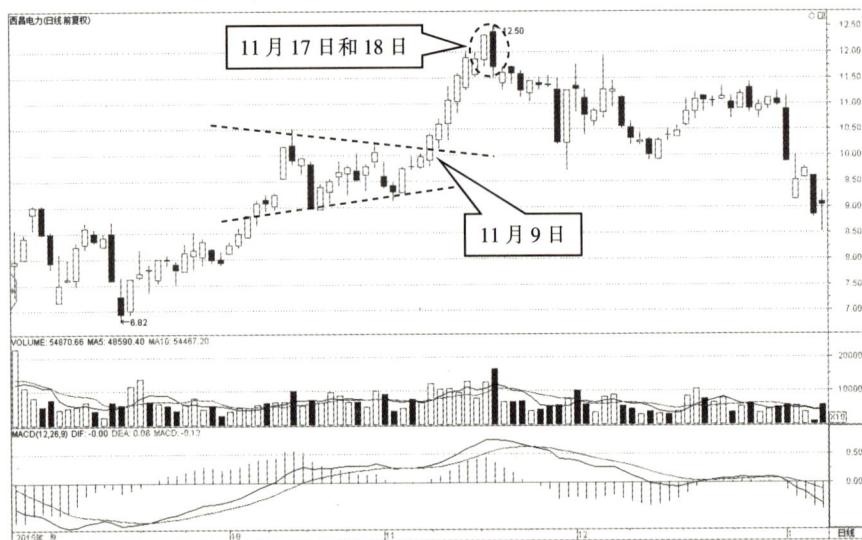

图 10-7　西昌电力日 K 线

形态标志着主力最强势的一段拉升行情即将开始。当日收盘前，投资者可以积极买入股票。

11 月 18 日，股价上涨至高位后遇阻回落，形成一根长阴线，将之前的一根阳线完全包裹。这时股价有了走弱的迹象。看到这个形态，投资者应该尽快卖出手中的股票，结束这次短线操作，继续寻找其他股票的交易机会。

西昌电力分时走势 1 如图 10-8 所示。

图 10-8 为 11 月 9 日突破当日的分时走势图。从图中可以看到，股价多次形成放量快速上涨的走势。这种上涨走势验证了主力在盘中强势将股价拉升的信号。看到这样的分时形态，投资者可以坚定在这个交易日收盘前买入股票的决心。

西昌电力分时走势 2 如图 10-9 所示。

如图 10-9 所示，11 月 17 日是这轮拉升行情的最后一个交易日。这一日虽然形成一根大阳线，不过我们从盘中可以看到，最终在收盘前股价才被强势向上拉升。这很可能是主力在最终出货前进行诱多操

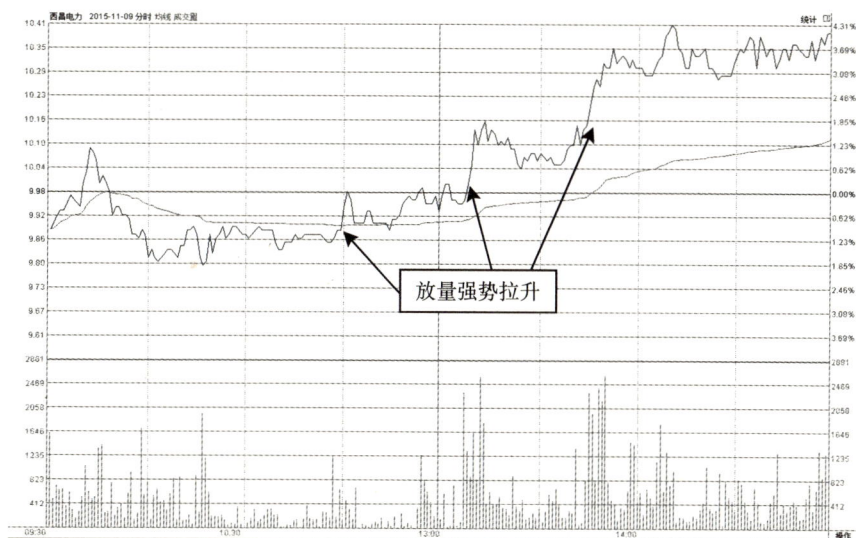

图 10-8　西昌电力分时走势 1

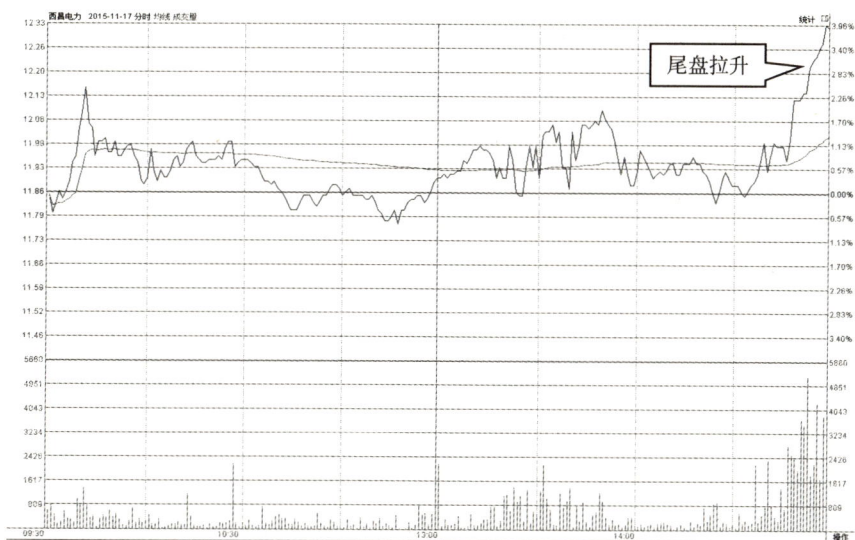

图 10-9　西昌电力分时走势 2

作。看到这样的形态，投资者应该开始注意风险。

西昌电力分时走势 3 如图 10-10 所示。

图 10-10　西昌电力分时走势 3

　　如图 10-10 所示，尾盘拉升后一个交易日，股价开盘后持续下跌，形成了非常弱势的下跌行情。无论这种下跌行情是主力在打压出货还是打压洗盘，都说明之前的强势拉升行情已经结束。此时投资者应该尽快卖出手中的股票。

第三节　长线跟庄操作的买卖点选择

　　对于喜欢中长线操作的投资者来说，可以选择全程跟随主力操作的策略。也就是在主力建仓时买入股票，等最终主力出货时卖出股票，中间无论股价怎样波动都稳定持股。通过这种模式跟随主力操作，投资者可以获得整个主力操作的利润空间。

一、建仓阶段分仓买入

当投资者发现股票的走势图中有主力操作的迹象时，就可以先跟随主力一起买入股票，获取最低价的筹码。

二、拉升开始时完成买入计划

由于很多主力建仓阶段会将股价持续向下打压，不断寻找更低的筹码。为了不在建仓阶段就被深度套牢，投资者可以选择分别买入的办法，也就是刚刚发觉主力建仓信号时先买入一部分股票，随着主力建仓推进，慢慢加仓。等最终主力开始拉升时，投资者也买入最后的仓位，完成建仓。

三、拉升和试盘过程中稳定持股

在主力建仓完成后的拉升和试盘过程中，投资者可以一直稳定持有自己的仓位。不要加仓买入，也不要减仓卖出。

四、识别洗盘陷阱并继续持股

主力洗盘时可能会使用诱空陷阱来诱惑散户投资者，让散户投资者认为下跌趋势已经开始，纷纷卖出手中的股票。此时对于散户投资者来说，一定要提高警惕，分清楚主力洗盘和最终出货之间的关系。当发现主力只是在洗盘而没有最终出货时，可以坚定持有自己的股票。

五、出货阶段高位卖出

当主力的操作过程发展到最后一个出货阶段时，散户投资者可以跟随主力一起在高位抛出股票。因为股价失去主力的支撑力量后，很可能会见顶下跌，进入持续的下跌趋势中。只有在出货阶段就卖出股票才能保证不承担随后这些下跌的损失。

六、实战案例：多氟多（002407）

多氟多日 K 线 1 如图 10-11 所示。

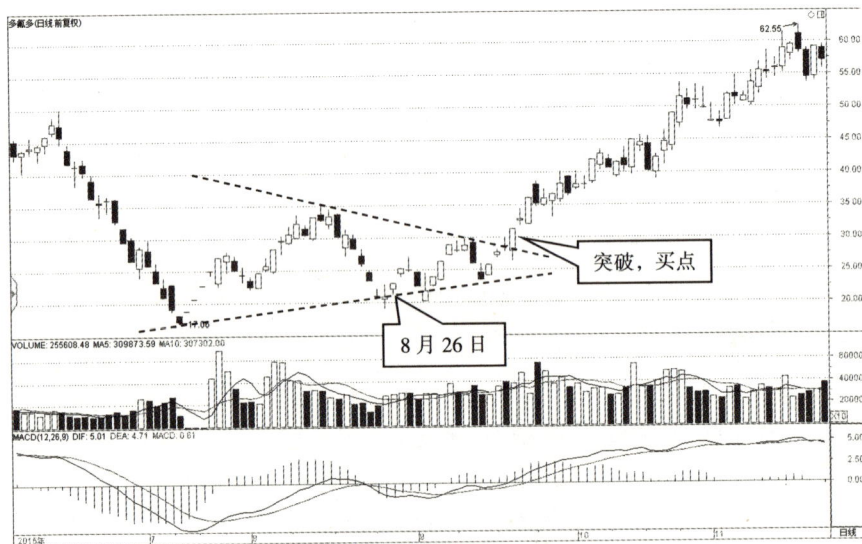

图 10-11　多氟多日 K 线 1

如图 10-11 所示，2015 年 7~9 月，多氟多股价在底部区域内持续震荡整理。在整理过程中，该股的成交量间歇性地放大。这是主力资金在底部买入股票建仓的信号。

当股价在底部横盘整理过程中形成主力建仓的迹象时，投资者就可以先买入一部分股票。最终在 9 月 21 日，该股股价放量涨停，突破底部横盘整理的三角形上边线时，说明主力建仓结束，拉升行情开始，此时投资者可以积极买入，完成建仓的操作。

多氟多分时走势 1 如图 10-12 所示。

图 10-12 为多氟多 8 月 26 日股价下跌至底部后获得支撑的一个交易日。这个交易日内股价反复震荡，每次上涨时成交量都间歇性地放大。这种形态明显是有主力在震荡过程中不断诱空，买入股票建仓的

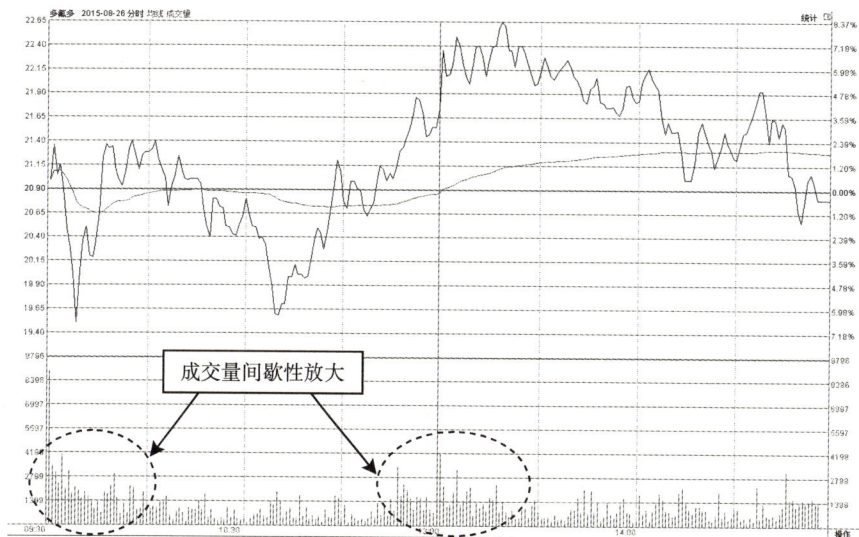

成交量间歇性放大

图 10-12　多氟多分时走势 1

信号。

　　这一日盘中发现主力建仓的信号，投资者就可以先买入一部分股票。

　　多氟多日 K 线 2 如图 10-13 所示。

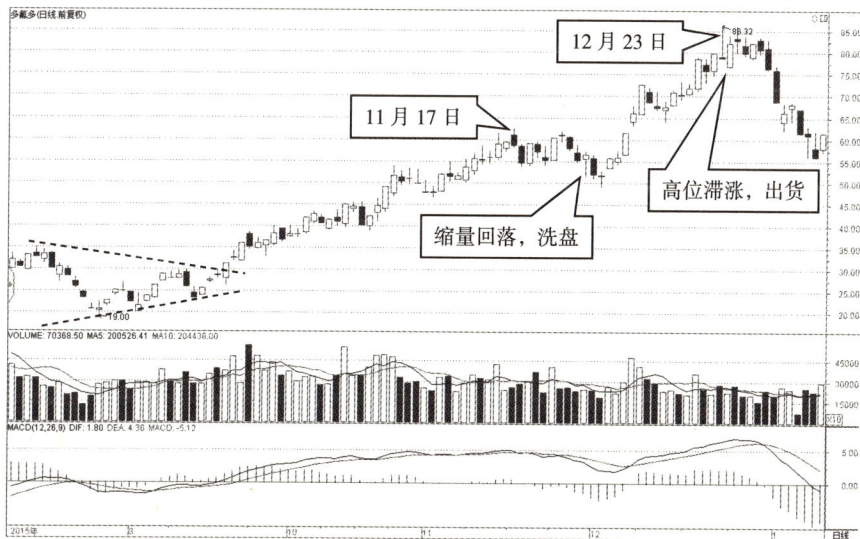

12 月 23 日

11 月 17 日

缩量回落，洗盘

高位滞涨，出货

图 10-13　多氟多日 K 线 2

如图 10-13 所示，股价突破三角形整理区间后，开始持续上涨，进入拉升行情。对于中长线操作的投资者，可以在这个过程中一直持有股票。

11 月底，股价见顶回落，不过在回落的过程中该股的成交量明显萎缩。这是主力正在洗盘的典型信号。在洗盘过程中，投资者可以继续持有股票。

12 月底，股价继续冲高过程中，上涨的速度越来越慢，形成顶部滞涨的形态。此时有了主力出货的迹象。投资者应该注意回避风险，卖出手中的股票。

多氟多分时走势 2 如图 10-14 所示。

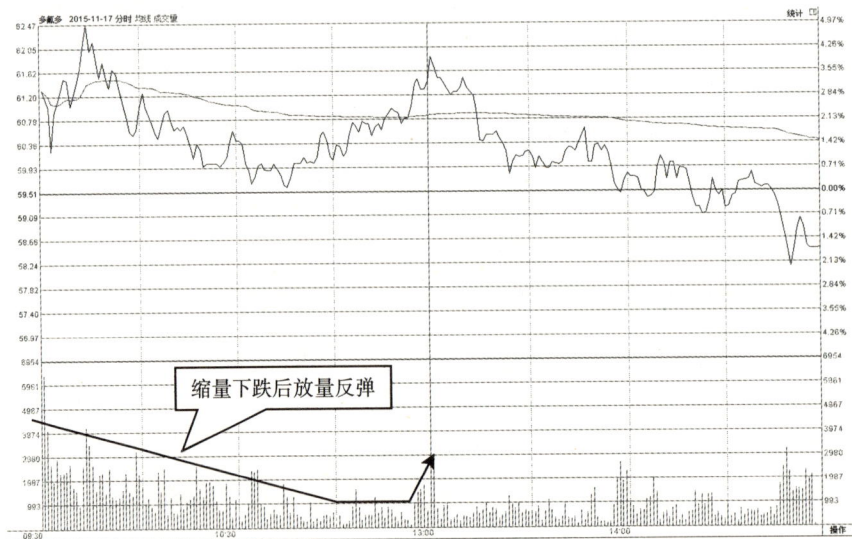

图 10-14 多氟多分时走势 2

如图 10-14 所示，11 月 17 日盘中，股价见顶回落的过程中成交量持续萎缩，随后反弹时成交量却有放大的趋势。这样的形态是主力在进行洗盘的典型形态。主力洗盘时，随着股价下跌，抛出股票的投资者数量越来越少，成交量也持续萎缩。

看到这样的分时形态，投资者应该坚定这个阶段内继续稳定持股的决心。

多氟多分时走势 3 如图 10-15 所示。

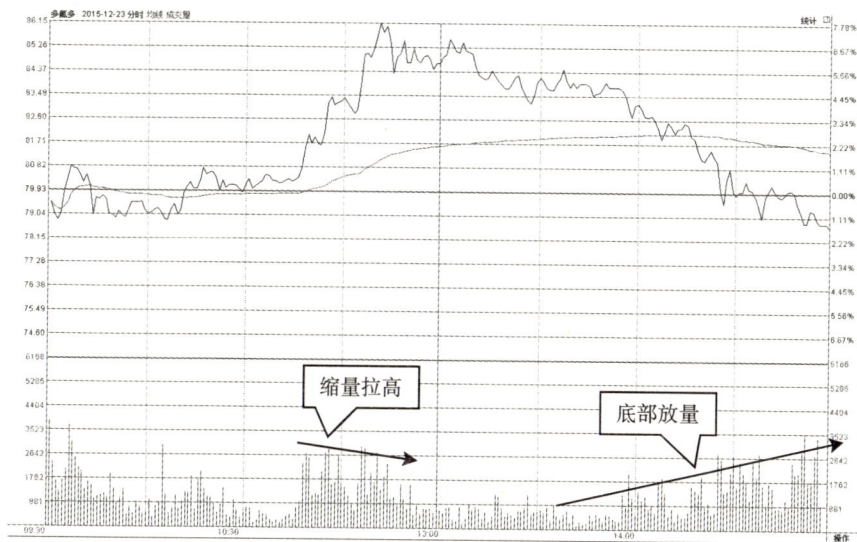

图 10-15　多氟多分时走势 3

如图 10-15 所示，12 月 23 日盘中，多氟多股价虽然快速向上冲高，不过冲高至高位后成交量有萎缩的趋势。之后在下午持续下跌的行情尾端，该股的成交量却大幅放大。这明显是主力在高位拉高诱多出货的盘面表现。

看到这样的信号后，投资者应该警惕行情见顶的风险，在高位卖出手中的股票。

参考文献

［1］小伦. 图解主力行踪 ［M］. 广州：广东经济出版社有限公司，2015.

［2］徐从余. 主力操盘解密 ［M］. 北京：中国经济出版社，2013.

［3］吕佳霖. 主力不传之秘技 ［M］. 北京：地震出版社，2015.

［4］翁富. 主力行为盘口解密 ［M］. 北京：地震出版社，2015.

［5］高水亮. 伏击主力操盘纪实 ［M］. 北京：地震出版社，2013.

［6］姚茂敦，卢涵宇. 搏杀主力 ［M］. 太原：山西人民出版社发行部，2011.